E Laur

Louïze Labé

Zur Geschichte der französischen Litterature des 16. Jahrhunderts

E Laur

Louïze Labé
Zur Geschichte der französischen Litterature des 16. Jahrhunderts

ISBN/EAN: 9783743397200

Hergestellt in Europa, USA, Kanada, Australien, Japan

Cover: Foto ©ninafisch / pixelio.de

Manufactured and distributed by brebook publishing software
(www.brebook.com)

E Laur

Louïze Labé

LOUÏZE LABÉ

ZUR GESCHICHTE

der

FRANZÖSISCHEN LITTERATUR

des XVI. Jahrhunderts

von

E. LAUR

Privatdocenten an der Universität Heidelberg.

STRASSBURG

VERLAG VON KARL J. TRÜBNER

1873

ZUR GESCHICHTE

der

FRANZÖSISCHEN LITTERATUR

des XVI. Jahrhunderts.

———◇◇◇———

LOUÏZE LABÉ.

————

Franz I hatte am 12. Juli 1542 Karl dem
Fünften den Krieg erklärt und drei Armeen ins
Feld gestellt. Dasjenige Korps, welches bestimmt
war, unter dem Oberbefehl des Dauphin gegen
Roussillon zu operiren, besonders Perpignan zu
belagern, nahm seinen Weg durch Lyon. Hier
schloss — wie ein Anonymus erzählt — den
Truppen ein junges Mädchen sich an. Sie hiess
Louïze Charlin, Charly oder Charlieu, genannt
Labé, war etwa 15 oder 16 Jahre alt, mit einer
für ihr Geschlecht, namentlich ihre Jugend und
jene Zeit ausgezeichneten Bildung. Wahrscheinlich in Folge einer Vermischung der Nachrichten
über ihren Vater und ihren nachmaligen Gatten
wird behauptet, dass jener Seiler gewesen sei. Um
ferner erklärlich finden zu lassen, dass ein derar-

1.

tiger Gewerbtreibender im Stande und geneigt
gewesen seiner Tochter eine ebenso kostspielige
wie seltene und umfassende Erziehung zu geben,
wird ohne den geringsten Beweis versichert, er
habe das Geschäft im Grossen betrieben und sei
auf diese Weise zu Reichthum gelangt. Unglaub-
lich klingen diese Nachrichten deshalb weil sie
genau auf Ennemond Perrin passen, den Louïze
gegen 1555 heirathete.

Sie hatte einen Theil ihrer Jugend dem Erler-
nen der Musik gewidmet, Körper und Geist en
mile et mile euuvres ingénieuses[1] geübt, konnte
so trefflich

> avec l'esguille peindre,

dass sie hätte

> entrepris la renommee esteindre
> De celle là, qui plus docte que sage,
> Auec Pallas comparoit son ouvrage.

So berichtet sie über ihre Persönlichkeit, nirgends aber gedenkt sie des elterlichen Hauses
oder näherer Umstände, welche in Bezug auf
Stellung und Verhältnisse des Vaters Anhalt bö-
ten. Hat sie vielleicht ihren Vater begleitet, der

---

1) Mir liegt vor die Ausgabe von L. Boitel. Lyon 1845.
Von ihr sagt Brunet (III, 708), dass sie wenig empfehlens-
werth sei, parce que l'éditeur y a suivi une orthographe de
fantaisie. Aber was die Académie und vor ihr die Grammatiker l'usage nennen, ist es nicht auch un peu de fantaisie?
Vgl. Pautex, Errata du Dictionnaire de l'Académie française, und A. F. Didot, «Observations sur l'orthographe
française.»

Armeelieferant gewesen? Wurde sie hinausgetrieben von ihrer Neigung, die zwischen Mars et le sçavoir sich theilte?

Sie schildert sich selbst draussen im Lager vor der befestigten Stadt, wenn die Banner wehen, die Trompeten schmettern beim Ausfall der Feinde. Wer Louïze gesehen

> — lors en armes fiere aller,
> Porter la lance et bois faire voler,
> Le devoir faire en l'estour furieus,
> Piquer, volter le cheval glorieus,

der hätte sie wohl gehalten

> Pour Bradamante, ou la haute Marphise,
> Seur de Roger.

Für Frankreich fiel der Feldzug unglücklich aus. Erst am 26. August 1592 war Perpignan vollständig eingeschlossen worden, bis dahin hatten die Kaiserlichen unter Herzog Alba Zeit gehabt den Platz zu verstärken, geübte Truppen hineinzuwerfen, Lebensmittel anzuhäufen. Die Stadt schien, nach du Bellays[2] Ausdruck, un porc espy, qui de tous costez, estant courroussé, montre ses poinctes. Ein von den Franzosen versuchter Sturm kostete schwere Opfer und blieb erfolglos. Auf Befehl des Königs wurde am 5. October 1542 die Belagerung aufgehoben und bald nachher

2) Petitot, collection des Mémoires. Vol. XIX, p. 379. Neufiesme livre des Mémoires de Messire Martin du Bellay.

musste die Armee des Dauphin schleunigst fliehen,
um nicht durch ausgetretene Flüsse den Rückweg
abgeschnitten zu finden [3].

Auch die junge Lyoneserin war nicht unver-
letzt heimgekehrt. Wohl verdankte sie, nach des
Anonymus Angabe, ihrer Unerschrockenheit,
Gewandtheit und Tapferkeit den Beinamen Capitaine Loys [4], jedoch Gott Amor — so klagt sie —

> Hors de sa trousse une sagette il tire,
> Et decochant de son extreme force,
> Droit la tira contre ma tendre escorce :
> Foible harnois, pour bien couurir le cœur
> Contre l'Archer qui tousiours est vainqueur.
> . . . . . .
> Je n'auois vù encore seize hiuers.

Wie die Zeitgenossen [5] einstimmig berichten,
verband sie mit ihren Talenten anmuthiges Aeus-

3) Dareste, histoire de France, IV, p. 36.
4) Seltsam genug schreibt Agrippa d'Aubigné, der Grossvater der Mad. de Maintenon, in seiner «Histoire univer-
selle,» liv. V, chap. 27 (éd. Amsterdam 1626, in-fol., p.
476) : «Me pardonnera l'histoire si i'offense sa gravité d'un
petit conte que ie donne aux galans; c'est que les soldats
Provençaux s'estant iettez parmi huict ou neuf vingts garces
qu'ils pilloyent et diffamoyent de coups : dans ce desordre
arriva celle (compagnie) du capitaine Louys, habillée à son
avantage, conduicte par deux hommes de bonne façon.
Ceste beauté a qui la peur avoit mis les yeux en eau arresta
toute la folie du lieu où elle passa, fit de ces enragez des
amoureux ou au moins admirateurs, et mit tout en tran-
quillité.» Aber diese Scene begab sich 1570 in der Xainc-
tonge ! Also zu anderer Zeit und auf anderem Gebiete.
5) Vgl. unten Paradins Aeusserung.

sere[6]. Kein Wunder, dass die jugendliche Amazone viel umworben wurde. Sie aber schenkte ihr Herz einem Ritter — sein Name ist unbekannt geblieben — der allabendlich vor ihrem Zelte sang:[']

> Ja laissant dague et épée
> Ton habit tu reprendras.
> A plus doux jeu occupée,
> Ton doux luth tu retendras.
> Et lors maints nobles poëtes,
> Pleins et célestes esprits,
> Diront tes graces parfaites
> En leurs très-doctes escrits.
> Marot, Moulin[7], Lafontaine[8]
> Avec la muse hautaine
> De ce slave audacieux
> Dont la tournante parole
> Qui dans les astres s'envole
> Est un contre-foudre aux cieux[9].

Es steht zu vermuthen, dass der Bevorzugte

6) Das Anagramm ihres Namens Louize Labé ist Belle à soy (soy = souhait).

7) Antoine du Moulin, Herausgeber der «Poësies de Bonaventure des Periers,» 1544. Er war valet de chambre de Marguerite de Valois und hatte 1548 eine Sammlung seiner «Fadeurs amoureuses» herausgegeben. Goujet, «Bibl. françoise,» éd. Paris, 1747, vol. XI, p. 422.

8) Soll Charles Fontaine sein, geb. 13. Juli 1515, †?. Geboren zu Paris, liess er nach seiner zweiten Heirath in Lyon sich nieder, veröffentlichte dort 1555 einen recueil d'épîtres, d'élégies, de chants divers, etc. 1555, unter dem Titel «les Ruisseaux de Fontaine.» Goujet, l. c., vol. XI, p. 125.

9) Vgl. A. Jadin, «Nouv. biogr. univ.» (Firmin Didot), vol. XXVIII, p. 347.

ebenfalls nach Lyon kam und dort eine Weile ver-
blieb, ehe er

> auprès de ce rivage
> Du Pau Cornu

mit des Königs Truppen zog, denn Louïze beginnt
die zweite Elegie mit den Worten:

> D'un tel vouloir le serf ne point desire
> La liberté, ou son port le navire,
> Comme j'attens, helas, de jour en jour
> De toy, Amy, le gracieus retour.

Jedenfalls bewahrte ihm die Dichterin ihre Liebe,
obgleich, wie sie bekennt,

> Maints grans Signeurs à mon amour pretendent,
> Et à me plaire et seruir prets se rendent,
> Joutes et jeus, maintes belles devises
> En ma faveur sont par eus entreprises:
> Et néanmoins, tant peu je m'en soucie,
> Que seulement ne les en remercie:
> Tu es tout seul, tout mon mal et mon bien,
> Avec toy tout, et sans toy ie n'ay rien.

Und so sang sie nicht etwa im ersten Liebes-
rausch ihres jungen Herzens, sondern im 28.
Jahre:

> ià voici le treizième Esté
> Que mon cœur fut par amour arresté.

Vielleicht sandte sie diese schmerzliche Klage
dem Geliebten als Mahnung zur Rückkehr, bevor
sie sich entschloss einem der zahlreichen Bewerber
ihre Hand zu reichen.

Im folgenden Jahre, 1555, wird zum ersten
Male ihr Gatte Ennemond oder Aymon Perrin

genannt, ein angesehener, reicher Seiler, der eines
der schönsten Häuser der Stadt bewohnte. «La
belle Cordière» wusste es zum Sammelplatze der
Gelehrten und Künstler, zum Hôtel de Rambouillet von Lyon zu machen, so dass nach ihrem
Tode eine benachbarte Strasse den Namen der
belle Cordière[10] erhielt und bewahrte, bis sie durch
die Hausmannisirung unter der Regierung Napo-
leons III verschwand. Indessen liess der Munizi-
palrath, um das Andenken der berühmten Mit-
bürgerin zu ehren, ihre Marmorbüste im Museum
aufstellen.

Weil Louïze zahlreiche und doch gewählte Gesellschaft empfing, den Mittelpunkt der Unterhaltung bildete, in zarten und unzarten Liedern
gefeiert wurde, ist ihr Ruf und der ihres Gatten
von Vielen in heftiger ·Weise angegriffen worden.
Pierre Bayle[11], der selbst von ihr und ihren Schriften nichts weiss, macht auf das Zeugniss von La
Croix du Maine und du Verdier[12], sieur de Vau-
privas, zwischen ihr und einer Courtisane nur sehr
subtilen Unterschied. Diesem Beispiele folgten bis
in die neueste Zeit die Litterarhistoriker um so

10) Wieland giebt ihr den Namen «la belle Cordelière,»
eine schöne Franciscanerin! (Wieland, «Litterar. Miscell.»)
11) Dictionnaire historique et critique, s. v.
12) Nur die Ausgabe: «les Bibliothèques françoises de la
Croix du Maine et du Verdier,» nouv. éd., par Rigoley de
Javigny, 1772 und 1773 sind mir zu Handen.

lieber, als einzelne Gedichte, so das von Sainte-Beuve[13] angeführte Oliviers de Magny[14], in unzweideutiger Weise Schlimmstes aussprechen. Selbst der oben genannte, durch Geist und Milde hervorragende Kritiker gelangt — ein wenig im Widerspruche mit seiner in den « Portraits contemporains[15] » niedergelegten Ansicht — zu dem Schlusse, dass mindestens zweifelhaft, ob Louïze eine Heloïse oder eine Ninon, jedenfalls sei dem Himmel zu danken, dass sie keine Maintenon gewesen : ihre glühende Leidenschaft sei ihr Ruhm.

Es kommt zwar bei Beurtheilung der Werke eines Dichters auf seinen Privatcharakter ebenso wenig an[16] wie bei dem Künstler, welcher die Venus von Melos gemeisselt, auf die Frage, ob er vielleicht Giftmischer gewesen; allein da die Sache überall ventilirt wird, mag auf Grund anderer Zeugnisse eine Rettung versucht werden, zumal da sie die Gelegenheit bietet auf den ganzen litterarischen Kreis von Lyon näher einzugehen.

Unbestritten ist, dass bei der schönen Seilers-

13) « Nouveaux lundis, » vol. IV, p. 299.

14) † 1555. S. u.

15) Neue Ausgabe, 1871, vol. V.

16) Suard, « Not. sur la vie de Vauvenargues. » Paris, s. a. (Garnier frères), p. 158. Il est des écrivains dont on peut aisément consentir à ignorer la vie et le caractère, tout en jouissant des productions de leur esprit et des fruits de leurs talents.

frau die vornehmste Gesellschaft der Stadt sich
versammelte und die bedeutenderen Fremden um
die Ehre des Zutritts sich bewarben — eine That-
sache, welche gewiss nicht unterschätzt werden
darf. Sie wird von Guillaume Colletet zugestanden, der an einer andern Stelle Louïze darstellt
comme ayant rendu sa muse esclave de ses pas-
sions. Der Ton der Unterhaltung mag ein freier
gewesen sein; aber wo war er es damals nicht?
Marguerite d'Angoulême hat ein treues Bild der
Geselligkeit aufbewahrt, wie diese sogar an dem
Hofe der begabten und gelehrten Königin, der
Schwester Franz des Ersten zu finden war. Zu-
gegeben, dass der Zweck der Erzählungen des
Heptaméron gegen die Sittlichkeit nicht verstösst,
so ist denselben doch ein hoher Grad der Frivolität und Licenz nicht abzusprechen. Von Ende
des XV. Jahrhunderts bis zu den Zeiten Heinrichs IV herrschte im Gespräch wo möglich noch
mehr als in den Sitten Ungebundenheit, ja Aus-
gelassenheit. Sie wurde erst bekämpft und allmählich, wenigstens theilweise, besiegt durch
das Hôtel de Rambouillet. Was Duclos [17] sagen
konnte: les femmes honnêtes ne se fâchent ja-
mais de la liberté des paroles, war unter Heinrich II gewiss noch mehr richtig. Und für die hon-

17) Geb. 1704, † 1772.

nêteté Louïzens spricht die innige Freundschaft
der schönen Seilerin mit Clémence de Bourges,
welcher von du Verdier selbst die Bezeichnung
«la Perle des Damoiselles Lyonnoises de son
temps» zu Theil wird. Clémence [18] gehörte einer
der ersten Familien Lyons an und galt als Muster der Tugend. Ihr Tod erweckte allgemeine
Theilnahme, der Tag ihrer Beerdigung war ein
Tag der öffentlichen Trauer. Sie, gleich ihrer
Freundin, Sappho des XVI. Jahrhunderts genannt, nahm die Widmung der Werke Louïzens
an und gab dadurch ein unwiderlegliches Zeugniss ihrer nahen Beziehungen zu Capitaine Loys.
Hiegegen fallen die Angriffe Calvins [19] und die

18) Goujet, Bibl. fr., XII, p. 82. Clémence de Bourges,
Lyonnoise, qui étoit aussi fort distinguée par son mérite et
sa science.

19) In der gratulatio ad venerabilem presbyterum Domi-
num Gabrielem de Saconay, præcentorem ecclesiæ Lugdu-
nensis de pvlchra et eleganti præfatione quam libro regis
Angliæ inscripsit. MDLXI, ergeht sich der grosse Reforma-
tor in den erbittertsten Ausdrücken über seinen Gegner.
Si Lugduni, heisst es in der Einleitung, quæritur famosum
lupanar, domus ejus (Gabriel de Saconay) primas tenebit,
u. dgl. Bald darauf fährt er fort : Qua etiam fiducia trans-
substantionem secure ac plenis buccis asserere audeas, nes-
cio, nisi forte quia tibi peræque facilis videtur transmutatio
panis in corpus, ac metamorphosis mulieris in virum. Hoc
enim suavitatis genere convivos tuos oblectas, dum mulieres
virili habitu ad mensam inducis. Hunc ludum quam sæpe
tibi præbuit «plebeia meretrix,» quam partim a propria
venustate, partim ab opificio mariti «Bellam corderiam»

Verse einiger kecken Reimer wenig ins Gewicht. Obgleich schon dies allein genügte, die Angriffe gegen die Moralität der Dichterin erheblich zu schwächen, so ist noch ferner zu berücksichtigen, dass Ennemond Perrin, ein anerkannt achtungs- werther Bürger, Louïze heirathete, dass erst nachher die Gedichte herausgegeben wurden und Perrin — was kaum geschehen wäre; wenn er sich zu beklagen gehabt — seine Frau zur Uni- versalerbin des beträchtlichen Vermögens ein- setzte[20]. Gegen Perrins Charakter findet sich ein Hauptankläger in der Person des Verfassers der «Amours, Gayctés, etc.», Olivier de Magny. Er hat an Sire Aymon (Ennemond) Strophen gerich- tet, in denen es heisst, er wäre undankbar, wenn er den Tod Aymons wünschte,

> Car alors que je m'en vais voir
> La beauté qui d'un doux pouvoir
> Le cœur si doucement me brûle,
> Le bon sire Aymon se recule,
> Trop plus attentif au long tour
> De ses cordes qu'à mon amour.

Man sieht hierbei ordentlich, nach Sainte-Beu- ve's Meinung, den braven Seiler an der Arbeit,

---

vocabant. Das ist allerdings sehr deutlich gesprochen, aber die Streitschriften der Orthodoxen sind gewiss nichts we- niger als die Stätte der Wahrheit. (Corpus reformat., vol. XXXVII, p. 425 seq.)

20) Von Wieland, l. c., mit Recht hervorgehoben.

den zu necken der Dichter vielleicht irgend welche Ursache hatte, wenn er nicht einfach durch
geckenhaftes Wesen oder Leichtfertigkeit dazu
veranlasst wurde. Er fährt sogar fort:

> Et lorsqu'avec ton tablier gras
> Et ta quenouille entre les bras
> Au bruit de ton tour tu t'égaies
> Puisse-elle toujours de mes plaies
> Que j'ai pour elle dans le cœur,
> Apaiser la douce langueur.

Olivier de Magny habe, wie ebenfalls Sainte-
Beuve angiebt, die schöne Louïze häufig gesehen,
sei es auf seiner Reise nach Italien oder auf dem
Rückwege, als er Lyon passirte.

Nach du Verdier und la Croix du Maine [21] war
der Dichter im Gefolge des königlichen Gesandten
Jean d'Avanson, seigneur de Marcel, unter dem
Pontificate Julius III nach Rom gegangen und
hatte daselbst von 1550 bis etwa 1555 verweilt.
Das Gedicht Magnys müsste also spätestens aus
dem Jahre 1555 stammen und ziemlich bald nach
der Verheirathung Louïzens entstanden sein. Es
widerspricht aber den Berichten aller Andern,
dass Perrin, der reiche marchand cordier, als ge-
wöhnlicher Arbeiter in seinem Geschäfte sollte
thätig gewesen sein und aus unwürdiger Nach-
sicht von Hause sich entfernt haben, gerade wenn

21) Ed. Rigoley, 1772, vol. II, p. 208.

und weil seine Frau ihre Anbeter empfing. Eine solche Behauptung in einem Gedichte niederzulegen ist wohl einem abgewiesenen Verehrer von gemeinem Charakter[22] aus Rache möglich, sicher nicht einem Manne, welchen die Neigung solcher Frau beglückt hätte. Wer Derartiges öffentlich ausspricht, verdient er wohl Glauben? Er hat ihn auch nur bei sehr Wenigen gefunden, zumal da Zeugen ohne dichterische Phantasie und in Hofkreisen erworbene Médisance andre Urtheile gefällt haben. So schreibt Guillaume Paradin in den 1573 erschienenen « Mémoires de l'histoire de Lyon, livr. III, chap. XXIX» über Loïse L'abbé (sic): « Ceste avait la face plus angélique, qu'humaine; mais ce n'estoit rien à la comparoison de son esprit tant chaste, tant vertueux, tant poëtique, tant rare en scauoir, qu'il sembloit, qu'il eust esté creé de Dieu pour estre admirée comme un grand prodige, entre les humains.» Und zwar sind diese Worte enthalten in einem Werke, das kaum ein paar Jahre nach Louïzens Tode den

---

22) Goujet, l. c., vol. XII, p. 25, sagt: Dès l'année suivante (1554) il publia ses «Gayetés,» que tout lecteur sage nommera à plus juste titre, ses «obscénités;» und p. 27: l'auteur de ces «impertinences» mourut en 1555. Rigoley de Juvigny, l. c., bemerkt: ce poète prodigua les éloges à ses protecteurs, ainsi qu'à ses maîtresses; fut-il heureux dans ses amours? C'est ce qu'il laisse à deviner. La fortune ne le favorisa guère, il ne cessa de la poursuivre...

Consuln, Schöffen und notabeln Bürgern von
Lyon selbst zugeeignet wurde! Mehr ins Gewicht
könnte fallen, dass einige der Sonette, namentlich XIII und XVIII tiefe Leidenschaft und heisse
Sinnlichkeit athmen. Zu berücksichtigen ist, dass
Louïze ihren jugendlichen Geist durch die Lectüre der alten Classiker und der Cinquecentisten
gebildet hatte, die bei der Darstellung der Gefühle und Situationen noch nicht von den später
geltenden Begriffen der Moral sich leiten liessen.
Auch hat die Dichterin sich erst dazu verstanden
ihre Poesien drucken zu lassen, als diese bereits auf
anderm Wege bekannt geworden. «Depuis que
quelcuns de mes amis ont trouué moyen de les
lire sans que i'en susse rien et que (ainsi comme
aisément nous croyons ceux qui nous louent) ils
m'ont fait à croire que les deuois mettre en lu-
mière». Und was den folgenden Geschlechtern
erscheinen könnte als hinausgehend über die
Grenze der Sittlichkeit, darf nur mit dem Mass-
stabe des Zeitalters gemessen werden, in welchem
es gesagt wurde. Damals galt die apenninische
Halbinsel als leuchtendes Vorbild für geistige
Schöpfungen. Zugleich mit ihren Mustern war
auch ihre Moral in Frankreich eingedrungen, so
dass auf Catherine de Medicis mit Unrecht der
Vorwurf ruht, sie habe den Geschmack und die
Sitten ihres Vaterlandes in die Heimat des könig-

lichen Gemahls eingeführt. Unter Heinrich II
war in dieser Beziehung nichts mehr zu thun
übrig. Lyon besonders hatte willig dem Einflusse
Italiens sich hingegeben. War doch Boccoccias
Decamerone in Aller Händen und noch scheute
Keiner seine Freude an diesen Novellen zu geste-
hen [23]. Nicht nur die allgemeinen Anschauungen
verändern sich, sondern auch die einzelnen Wör-
ter verlieren oft das ursprüngliche Gepräge der
Unbefangenheit. In beiden Beziehungen kann
das Urtheil nicht vorsichtig genug zu Werke
gehen. Neben den Gedichten des Freundes der Königin Marguerite, des gefeierten Clément Marot
und vieler Anderen erscheinen die Sonette [24] der
schönen Seilersfrau als durchaus reine Ergüsse

23) In der préface de l'Heptaméron sagt Parlamente : Entre autres, je crois qu'il n'y a nulle de vous, qui n'ait lu les
Cent nouvelles de Jean Boccace... desquelles le roi, le dauphin, la dauphine... ont fait tant de cas...

24) In der «Vie de Christine de Pisan» von Boivin le
cadet (s. u.) heisst es :
Ce fut apparemment à l'occasion de ces «dis amoureux,»
que la médisance publia partout que cette veuve estoit véri-
tablement amoureuse. Il est vray que dans ces petites pièces
que Christine avoue, il y en a de fort tendres; et que si elle
n'avoit eu soin d'avertir ses lecteurs, que les sentiments
qu'elle y exprime ne sont pas les siens, mais ceux d'autruy,
il n'y auroit personne qui n'y fût trompé.... Christine eut
donc beaucoup à souffrir des mauvaises langues qui atta-
quèrent sa réputation ; mais elle fut d'ailleurs avantageuse-
ment récompensée par le succès de ses ouvrages. (Mém. de
l'Ac. des Inscr. et bell. Lettr., vol. II, p. 709.)

glühender Liebe und inniger Sehnsucht, denn in ihnen findet sich nirgend, was bei dergleichen zumeist verletzt : Frivolität und Absichtlichkeit. Am Ende waren es nur Spiele aufgeregter südlicher Phantasie. « Quant à moy tant en escriuant premierement ces ieunesses que en les reuoyant depuis, ie n'y cherchois autre chose qu'un « honneste» passetens et moyen de fuir oisiueté. » Und Louïze konnte mit unserm Uhland die « Entschuldigung» wagen :

> Was ich in Liedern manches Mal berichte
> Von Küssen in vertrauter Abendstunde,
> Von der Umarmung wonnevollem Bunde,
> Ach! Traum ist leider Alles und Gedichte.

Zu solcher Annahme berechtigt, dass bis zu dem Tode Perrins die Verleumdung geschwiegen hatte. « Aber kaum war ein Monat vergangen, seitdem Louïze Witwe geworden, da schrien die vornehmen Damen von Lyon Zeter, sie konnten nicht verzeihen, dass sie herabgesetzt wurden durch eines kleinen Bürgers Frau, deren Aufwand und Gesellschaften, besonders durch den Vorwurf, welcher ihnen wegen ihrer Unwissenheit, der Nichtigkeit ihrer Beschäftigungen gemacht wurde. Ueber die Ungerechtigkeit ihrer Feinde tröstete sich Louïze durch ihre Beziehungen zu den ausgezeichnetsten Personen der Stadt [25]. »

25) Dufey (de l'Yonne). Nouv. biogr. univ. Vol. XXVIII, p. 347.

Da selbst der schmähsüchtige du Verdier bekennt, dass la belle Cordière in ihrem Hause den
Gelehrten und Dichtern den Vorrang eingeräumt
habe, so ist unschwer zu errathen, aus welchen
Persönlichkeiten ihr Zirkel gebildet war.

In der Cité de grand valleur, nach Marots [26]
Ausdruck, lebten viele Enfants pleins de sçavoir.
So Maurice Scève, aus dem Hause der piemon-
tesischen Marquis de Sceva, der Vermittler der
alten Schule und der Ronsardisten, den Joachim
du Bellay [27] besingt als

> Gentil esprit, ornement de la France
> Qui d'Apollon sainctement inspiré
> T'es le premier du peuple retiré
> Loin du chemin tracé par l'ignorance.

Er war Avocat et conseiller-échevin in Lyon [28],
homme fort docte et fort bon poëte françois [29].
Dann Louis Meigret [30], der Grammatiker, welcher
noch heut anerkannte Verbesserungen der Or-
thographie mit unerbittlicher Strenge durchführte;

26) Les Œuvres, éd. Lyon 1547, p. 220.
27) L'olive, LIX.
28) Goujet, l. c., vol. XI, p. 442. Pasquier, Recherches.
29) Du Verdier, l. c., vol. II, p. 112.
3o) Meigret a proposé d'excellentes simplifications que
l'usage a sanctionnées pour quelques-unes, comme l'emploi
du ç qu'il emprunte, dit-il, aux Espagnols, la suppression
du g dans les mots où il n'est pas prononcé, tels que
cognoistre, ung, besoing, etc. Ambr. F. Didot, Observations
sur l'Orthographe. Paris 1868, 2e éd., p. 185.

3

— 18 —

Claude de Taillemont [31], in dessen Discours des
Champs Faez à l'honneur et exaltation des Dames
Ansichten vertreten sind, welchen Louïze in der
Epitre Dédicatoire das Wort redet. Ferner Du
Peyrat [32], der wegen seiner Antiquitez de la Cha-
pelle du Roi, nicht aber wegen der spicilegia poe-
tica (essais poétiques) von Bayle angeführt wird;
Antoine Gryphius, der Verleger von Paradins
Mémoires, sein College Jean de Tournes [33] le fils,
Imprimeur du Roi en sa ville de Lyon, Ueber-
setzer mehrerer Werke aus dem Italienischen,
u. s. w. Sodann der Kreis von bedeutenden
Frauen, wie die vielgepriesene Clémence de
Bourges, Jeanne Gaillarde, deren

Plume dorée
D'elle (Christine de Pise [34]) seroit à présent adorée

— heisst es in einem Rondeau Marots — ; Clau-
dine und Sybille Scève, von demselben Dichter
gefeiert, Catherine de Vauzelles, eine Verwandte
des Secretärs der Königin von Navarra, welcher
gewöhnlich mit seiner Devise D'un vray zèle oder

31) Du Verdier, vol. I, p. 370. Goujet, l. c., vol. XI,
p. 453.
32) Bayle, Dict. hist. et crit. s. v. Illyricus.
33) Rigoley de Juvigny, vol. IV, p. 524.
34) Christine de Pisan, Mémoires de Littérature, tirez
u. s. w. de l'Académie des Inscr. et bell. lett. Tome II, année 1736, pag. 704.

Crainte de dieu « vault zèle » die von ihm mit oder
für Marguerite gefertigten Schriften, moralités
u. dgl. zeichnete. Nicht zu übersehen Jeanne
Flore, die in einer Erzählung gezeigt, welche
Strafe zugedacht sei à quiconque mépriserait le
véritable amour; Marie de Pierre-Vive, Dame du
Peron, von vielen Zeitgenossen gerühmt, und
vollends Pernette du Guillet, « toute spirituelle,
gentille et très-chaste » ohne Widerspruch genannt
von Paradin in demselben Artikel mit Louïze
Labé und als dieser « fast » ebenbürtig bezeichnet.

Solcher Umgang mochte der schönen Seilerin
vollauf genügen.

Ihr Testament datirt vom 28. April 1565. An
jenem Tage krank zu Bette liegend sprach sie den
Wunsch aus in der Kirche Notre Dame de Con-
fort bestattet zu werden sans pompe ni supersti-
tions, à scavoir de nuit, à la lanterne, accompa-
gnée de quatre prestres, outre les porteurs de son
corps. Sie bedenkt ihre Diener, ihre Nachbarn
und namentlich les pauvres de l'Aumosne gene-
rale de cette ville de Lyon. Als sie so verfügte,
hatte sie wahrscheinlich die Hoffnung auf Wie-
dergenesen aufgegeben, denn es wird auch ange-
ordnet einige kleine Schulden zu bezahlen, z. B.
ein Restkaufgeld für ein modernement erworbe-
nes Grundstück mit 60 liures 1 sol.

Wenn aber Louïze Labé gestorben, ist selt-

samerweise unbekannt. · Nichts lässt schliessen,
dass sie den Tag, an welchem sie ihren letzten
Willen kundgab, noch lange überlebt habe. Wieland bringt in dieser Beziehung einige Ungenauig-
keiten, welche jedoch auf Rechnung der Herausgeber der von ihm benutzten Biographie zu setzen
sind, denn die Phantasie der französischen Be-
richterstatter hat die Lücken in der Geschichte
Louïzens im Geschmacke der Leser des XVIII
Jahrhunderts ausgefüllt[35].

Wie das Leben der Dichterin wenig bekannt,
sind auch ihre Werke nicht nach Gebühr verbrei-
tet : die Schuld liegt an den Buchhändlern, welche gleich den Gutsbesitzern geringen Ertrag mit
hohen Preisen einer reichen Ernte bei niedrigen
vorziehen. Brunet und Victor Fournel (im Athé-
næum français 1854) weisen nach, dass die Ausgaben der Louïze Labé stets in schwacher Auflage

35) Léon Feugère, der selbst von Sainte-Beuve gelobt
worden, schreibt in «les femmes Poëtes au XVIe siècle»
(1860 Paris) über Louïze Labé : «Sa vie eut une teinte ro-
manesque qui a séduit l'imagination des auteurs de nos
jours, et il y plane quelque chose de cette incertitude qui
sied aux personnages dont s'empare la fiction.» In einer
Anmerkung wird beigefügt : M. Saintine l'a particulière-
ment choisie pour son héroïne dans l'un de ses romans.
Wahr ist, dass M. Saintine eine Erzählung «la belle Cordière» geschrieben : der Schauplatz derselben aber ist nicht
Lyon und sie spielt in der Mitte des vierzehnten Jahrhunderts. L'imagination a séduit M. Feugère.

für die Bibliomanen und Liebhaber von Seltenheiten gedruckt worden. Nemlich: die Edition von 1815 in 140, die von 1845 in 200, die von 1854 in nur 120 Exemplaren. Und auch jetzt wieder hat Edwin Tross eine Auflage von 150 Exemplaren veranstaltet, deren jedes 15, 20 oder 240 Frs. kostet, und zwar weil die Lettern, welche zum Druck benutzt sind, 1545 von Amet Tavernier de Bailleul geschnitten worden. Frühere Editionen sind kaum aufzutreiben, und die erste, von der noch zwei Exemplare vorhanden, wird mit Gold aufgewogen [36]. Und doch wäre unzulässig zu behaupten, dass diese Schriften allein Werth haben durch ihre Seltenheit.

Die Werke Louïze Labés bestehen aus prosaischen und poetischen. Zu diesen gehören 3 Elegien und 23 Sonette (darunter eines in italienischer Sprache); zu jenen die Widmungs-Epistel an Clémence de Bourges und Debat de folie et d'amour in 5 Discursen.

Den Elegien ist leicht anzumerken, dass die Dichterin mit den besten Mustern der Alten nicht unbekannt war. Wie tief ihr Schmerz, wie leidenschaftlich ihre Klagen sein mögen, in ihren

36) Das eine derselben ist im Besitze der Stadt Lyon, das andre befindet sich in der Bibliothek des Herzogs von Aumale, «de l'Académie française.»

Kummer mischt sich das betrachtende Element;
sie verfehlt nicht mythische Beispiele einzuflech-
ten, aus denen hervorgeht, dass Grössere, Bedeu-
tendere in gleicher Lage sich befunden haben. So
hatte Philetas seiner Liebe den Spiegel der My-
thologie vorgehalten und auf die Gestalten der
Vergangenheit leise angespielt, als er um seine
flüchtige Bittis klagte. (Hierauf freilich beschränkt
sich Louïzens Aehnlichkeit mit dem berühmten
Sohne der Insel Kos, dessen winzige Gestalt und
Magerkeit von Aetian beschrieben und von Bâyle
belacht wird.) Mehr aber als das Erkennen des
Kunstvollen in der Behandlung ergreift die Wahrheit und Energie des Gefühls, welche aus jedem
Verse hervortreten. Wenn der höchste Grad des
Schmerzes stumm ist, so entzieht er sich natürlich der poetischen Darstellung [37]. Doch darf auch
der Dichter klagen [38] und er wird Mitgefühl er-

37) Diderot, Paradoxe sur le Comédien. Est-ce au mo-
ment où vous venez de perdre votre ami ou votre maîtresse que vous composerez un poème sur sa mort? Non.
Malheur à celui qui jouit alors de son talent! C'est lorsque
la grande douleur est passée, quand l'extrême sensibilité
est amortie, lorsqu'on est loin de la catastrophe, que l'âme
est calme, qu'on se rappelle son bonheur éclipsé, qu'on est
capable d'apprécier la perte qu'on a faite, que la mémoire
se réunit à l'imagination, l'une pour retracer, l'autre pour
exagérer la douceur d'un temps passé, qu'on se possède et
qu'on parle bien.
38) Die Elegie beschäftigt sich mit dem verlorenen Para-
diese. K. Fischer, Schillers Selbstbekenntn. S. 76.

wecken, sobald nur aus dem Ton seiner Stimme
und dem Inhalt seiner Worte sich erkennen lässt,
dass es ihm einzig darum zu thun, dem Ueber-
mass seiner Empfindungen Luft zu machen. Und
das Leid mindert sich durch Aussprechen, geht
über in Melancholie; in den Kummer um das
Verlorene mischt sich das freudige Bewustsein:
ich besass es doch einmal!

« Zur Zeit als Amor, der Sieger über Menschen
und Götter, mein Herz mit seiner Flamme ent-
zündete, mit grausamer Wuth mir Blut und
Leib, und Geist und Muth umschlingend — damals hatte ich noch nicht die Macht meine Pein
und mein Leiden laut zu klagen — hatte Phœbus,
der Freund des grünen Lorbeers, noch nicht gestattet, dass ich Verse machte. Jetzt aber, da
seine göttliche Begeisterung meine kühne Brust
erfüllt, lässt er mich singen... Schon fühle ich ein
schmerzliches Erinnern, welches mir die Thränen
ins Auge zwingt... Ihr Frauen, die ihr leset von
meinem vergangenen Wehe, schliesst euch seuf-
zend meinen Klagen an. Vielleicht eines Tages,
werd' ich euch das Gleiche thun und eure von
Thränen erstickte Stimme unterstützen, um Eure
Mühen und Schmerzen zu berichten, vergebens
über die entschwundene Zeit zu jammern. Welche Strenge in euerem Herzen wohne, zu seinem
Herrn kann Amor eines Tages sich machen...

Wähnet nicht, zu tadeln seien die, welche durch
den Gott der Liebe entflammt worden. Andre als
wir haben trotz ihres hohen Ranges der Liebe
Härte gefühlt... Je edler ihr Geist, um desto
stärker und plötzlicher wurden sie ergriffen. So
Semiramis, die weitberühmte Königin... Darum
verachte mich nicht, wer sieht wie ich von Lieb'
erfüllet klage... Amor hat seine Lust daran, dass
des Einen Wunsch mit dem des Andern nicht in
Einklang steht: Mancher liebt nicht, den eine
Dame liebt, mancher liebt, der nicht geliebt
wird, und gestützt auf leere Hoffnung bleibt dennoch Amors Macht und Herrschaft unerschüt-
tert " [39].

Nicht minder rührend offenbart sich echtes
Herzeleid in der zweiten Elegie [40].

« So heiss ersehnt der Sklave nicht die Freiheit,
das Schiff den Hafen, wie, ach! von Tag zu Tag
ich deine holde Rückkehr erwarte, Freund. Da
hatte ich ein Ziel meinem Schmerze gesetzt, der
endigen sollte, wenn ich das Glück hätte dich
wieder zu sehen. Aber wehe! vergebens klagt
meine Sehnsucht so lang zu harren. Grausamer,
Grausamer, wer liess dich in deinem ersten Briefe

39) Elegie I.
      Aux tems qu'Amour,
          d'hommes et Dieux vainqueur....
40) D'un tel vouloir le serf ne point desire....

schnelle Rückkehr versprechen? Hast du mich
so wenig in deinem Gedächtniss, dass du mir so
bald die Treue gebrochen?... Doch wenn ich unserer früheren Liebe gedenke, dünkt mir unmöglich, dass du mich verlassen habest, und wieder
verlob ich mich mit deiner Treue und mehr als
menschlich acht' ich deine Beständigkeit. Vielleicht wirst du auf unbekanntem Pfade gegen
deinen Willen krank zurückgehalten. Ich kann
es nicht glauben: denn so oft flehe ich zu den
Göttern für deine Gesundheit, dass sie grausamer
als Tiger sein müssten, wenn sie mit Krankheit
dich verfolgten, obgleich deine thörichte und flat-
terhafte Unbeständigkeit ein wenig Strafe verdient
hätte... Der, welcher im Himmel droben herrscht,
kann, denk ich, mich nicht Lügen strafen: wenn
er mein Weinen und Klagen vernähme, die für dich
bitten, würde er seinen Zorn zurückhalten. Ich
habe allezeit seinem Dienste gelebt und fühle mich
keines andern Vergehens schuldig als dass ich oft,
von Liebe gezwungen, an seiner Statt dich wie
Gott angebetet. Seit der Zeit, für welche du deine
Rückkehr verheissen, hat Phöbus schon zweimal
seine Scheibe gefüllt, ohne dass ich irgend Etwas,
Gutes oder Schlimmes, von dir gehört habe. Wenn
du trotzdem, weil du an anderm Orte liebst, so
lange gezögert, so weiss ich doch, dass deine
neue Freundin kaum um Schönheit, Tugend,

4

Anmuth und Beredsamkeit solches Rufes geniesst,
wie mehre gelehrte Männer mir, mit Unrecht
freilich, in der Welt verschafft haben. Aber wer
kann den Ruf aufhalten? Nicht nur in Frankreich werde ich über Verdienst gepriesen und gefeiert. Auch das Land, welches Calpe und Py-
renäen mit den Meeren umschlossen halten, des
breiten Rheines rollende Wogen, das schöne
Land, in welchem du wandelst, haben (so hast
du mich glauben gemacht) gehört, dass Männer
von Geist mir einigen Ruhm zuertheilen. Geniesse
das Gut, das so Viele ersehnen,... und glaube,
dass du eine solche wie ich nirgend anderswo haben wirst.

Ich sage nicht, dass ich die Schönste sei, aber
niemals wird eine Frau mehr als ich dich lieben
oder dir mehr Ehre bringen. Manche grossen Her-
ren werben um meine Liebe und sind bereit mir
zu gefallen und zu dienen, — doch ich kümmere
mich so wenig darum, dass ich ihnen nicht einmal danke.

Du bist mein Ein und Alles, mein Weh und
Glück, mit dir habe ich Alles und ohne dich
Nichts... Kehre bald zurück, wenn du Lust hast
noch einmal im Leben mich wieder zu sehen. Und
wenn vor deiner Ankunft der Tod meinen Körper
der liebenden Seele beraubt hat, komm wenigstens eines Tages im Trauerkleid zu meinem

Grabe, auf dem, wenns Gott gefällt, in weissem
Marmor diese vier Zeilen stehen sollen [41] :

> Durch dich, o Freund, lebt ich so sehr entbrannt,
> Dass ich dahin verzehrt durch Feuer schwand,
> Noch unter meiner Asche glimmt die Glut,
> Wenn sie nicht löschet deiner Thränen Flut.

Das sind nicht die Gefühle, ist nicht die Sprache
einer Courtisane. So drückt sich echte Liebe aus
und gerechtes Selbstbewusstsein. Hat der Schluss
der ersten Elegie erinnert an Heines alte Geschichte, die ewig neu bleibt, so findet in der
zweiten sich das Vorbild des « nennt man die besten Namen, so wird auch der meine genannt ».
Louïze rühmt nebst ihrem Aeusseren auch ihre
Tugend und, durchaus charakteristisch für jene
Zeit, ihre Faconde. In den Gesetzen der Minne-
höfe [42] lautet das erste : wer nicht zu schweigen
versteht, versteht nicht zu lieben; damals aber
hiess es : wer nicht gut zu reden versteht, ist
nicht liebenswürdig [43]. So lange die Frauen in der
Gesellschaft nicht als mindestens gleichberechtigte
Glieder anerkannt waren, hatte der Ton der Un-

---

41) Par toy, Ami, tant vesqui enflammee
    Qu'en langvissant par fev svis consvmee,
    Qui covve encor sovs ma cendre embrazee,
    Si ne la rens de tes pleurs apaizee.

42) Raynouard, des Troubadours et des cours d'amour.
Paris 1817, pag. CV.

43) Wie Peitho für die gewöhnliche Gefährtin der Aphro-
dite galt. Preller, Griech. Myth. 1, p. 398.

terhaltung geschwankt zwischen Pedanterie und
Roheit. Die Zeiten Franz des Ersten sahen allmählich eine Aenderung eintreten. Anerkannt
wurde bereits, dass Liebe durchs Ohr eben so
schnell wie durchs Auge zum Herzen dringe. Sich
gewandt und zierlich auszudrücken wissen, war
hohe Empfehlung für Jeden. Die Königin von
Navarra [44] versäumt selten ihrer vornehmen Hel-
den und Heldinnen bonne parole, beau parler
neben beauté und grâce zu erwähnen : der Geist
erlangt das Bürgerrecht in der Conversation. Es
schmeichelt der Eigenliebe mehr durch innere
Eigenschaften als durch äussere zu siegen oder
besiegt zu werden. Louïze erinnert deshalb mit
vollem Recht den fernen Geliebten, dass sie auch
dieser gewinnenden und fesselnden Gabe nicht
entbehre, mithin kein Grund vorliege, ihr um
einer andern Dame willen untreu zu werden, besonders da die Dichterin einen Vorzug besitzt,
den ihr Keine streitig machen könne : ihre aufs
höchste gesteigerte Liebe.

Und wenn sie — sagt die dritte Elegie [45] — irgend ein Vorwurf zu treffen hat, so ist einzig die
Liebe schuld. Wenn ihr, o Lyoner Damen, diese

44) Contes de la reine de Navarre. Nouv. XIV, XVIII,
u. s. w.
45) Eleg. III.
Quand vous lirez, ò Dames Lionnoises....

meine Schriften, angefüllt mit Liebeshändeln,
leset, verdammet nicht meine Einfalt und den
jungen Irrthum meiner tollen Jugend, wenn es
Irrthum ist: denn wer unter dem Himmel kann
sich rühmen ohne Fehler zu sein?... Niemals war
mein Auge betrübt, bei meinem Nachbar mehr
als bei mir regnen zu sehen; nie hab ich Zank
und Streit zwischen Freunden gesäet; nie hab ich
des Gewinns halber mich gebückt. Lügen, Andre
täuschen und missbrauchen war mir ebenso zu-
wider wie von ihnen übelreden. Wenn aber in mir
etwas Unvollkommenes ist, so mögt ihr die Liebe
tadeln: sie allein hat Alles gethan. In meiner fri-
schen Jugend fing sie mich in ihren Netzen, als
ich Körper und Geist in tausend und aber tausend
sinnreichen Dingen übte... Um gut zu verstehen
mit der Nadel zu malen (sticken), hätte ich versucht den Ruhm derjenigen streitig zu machen,
die mehr geschickt als klug ihr Gewebe mit dem
der Pallas verglich. Wer damals mich erblickt
hätte, wie ich stolz in Waffen ging, die Lanze
trug und Pfeile schoss, in Kampfeswüthen meine
Pflicht that, das edle Ross spornte, wendete,
der hätte vielleicht für Bradamante mich gehalten oder für die edle Marphise, Rogers Schwester.
Aber ach, Amor konnte nicht lange sehen, dass
mein Herz nur den Kriegsgott und die Wissenschaft liebte, und um mir andre Beschäftigung

zu geben, sprach er lächelnd also zu mir: Du
glaubst wohl auf diese Weise meiner Flamme
entfliehen zu können; doch dies wird dir nicht
gelingen, unterjocht hab ich die Götter in der
tiefen Unterwelt, im Meer und in den Himmeln,
und wähnest du, ich habe nicht die gleiche Macht
über die Sterblichen, sie fühlen zu lassen, dass
meiner Hand sich Nichts entziehe? Je stärker
Einer sich dünkt, desto eher treff' ich ihn. Du
hast gewagt manchmal mich zu verspotten im
Vertrauen auf Mars: jetzt aber sieh ob du mir zu
widerstehen vermagst, weil du darauf beharrest
ihm zu folgen. So sprach er und ganz von Zorn
erglüht zog er aus seinem Köcher einen Pfeil und,
mit vollster Gewalt abdrückend, schoss er ihn
gerade gegen meine zarte Hülle: ein dünner Pan-
zer um das Herz zu decken gegen den Schützen,
der immer siegreich ist! Und durch die Bresche
zog Amor in den Platz und vertrieb zunächst
daraus die Ruhe, gab mir Arbeit ohne Ende;
liess mich nicht trinken, essen oder schlafen...
Noch hatt ich sechzehn Winter nicht gesehen, als
mich so mannigfacher Kummer überkam, und
jetzt ist schon der dreizehnte Sommer, seit mein
Herz durch Amor eingenommen wurde. Die Zeit
bringt die hohen Pyramiden zu Falle, trocknet
die feuchten Quellen aus, verschont nicht die
mächtigen Amphitheater, stürzt die am stärksten

befestigten Städte; zu löschen ist sie auch gewöhnt das Feuer der Liebe, wie sehr es immer brenne, aber ach! es scheint mit der Zeit in mir zu wachsen und mehr mich zu quälen. Paris liebte Œnone glühend, doch nicht lange währte seine Liebe; Medea war von Jason geliebt, der sie bald aus seinem Haus entfernte. Doch verdienten sie geschätzt, und weil sie ihre Freunde liebten, geliebt zu werden. Ist es möglich Amor aufzugeben, wenn man geliebt wird, hat dann nicht der Ungeliebte recht desselben müde zu werden? Ist es nicht recht, dich, Amor, um Gewährung zu bitten, dass die Zeit meinen Leiden ein Ziel setze? Gestatte nicht, dass ich den Tod suche und ihn barmherziger als dich finde: willst du aber, dass ich bis zu meines Lebens Ende liebe, so gieb, dass der, den ich mein Alles schätze, der allein im Stande mich weinen und lachen zu lassen, für den ich so oft seufze, — gieb, dass er in seinen Gliedern, seinem Blut, seiner Seele noch stärkere oder gleiche Glut empfinde; dann wird deine Bürde mir leichter sein, wenn ich mit einem Andern sie gemeinsam trage.

Zwischen der zweiten und der dritten Elegie liegt wohl geraume Frist. Da der Freund ihren Klagen nicht Gehör geschenkt hat, nicht zurückgekehrt, ist sie vielleicht, weil ungeliebt sich glaubend, vergeblichen Harrens müde geworden.

Doch ehe sie sich entschliesst, so treu gewahrte
Liebe aufzugeben, sucht sie vor sich selbst und
ihren Mitschwestern sich zu rechtfertigen. Wie
sehr und wie lange hat sie gelitten! Wenn es gestattet wäre, aus dem, was ein Dichter geschrieben, Zeugnisse über seinen Charakter zu schöpfen,
so dürfte sicher hier Louïzens Beständigkeit hervorgehoben werden und um so rühmlicher, als
leidenschaftliches Temperament die Versuchungen
ihr schwerlich sparte.

War Marot wirklich der Erste, welcher im Französischen neben dem gewöhnlichen Complainte
der Bezeichnung Elégie sich bediente, so hat er
bald zahlreiche Nachahmer gefunden, denn um die
Mitte des XVI Jahrhunderts erschienen, besonders in Lyon, eine ganze Reihe Elegien. Sie waren
sämmtlich in sogenannten heroischen Versen [46],

46) Vers de dix syllabes, das stumme e am Ende nicht
mitgerechnet. Die Bezeichnung vers héroïques ist durch
Ronsard eingeführt. Dieses Metrum ist bekanntlich später
verlassen worden, so dass Furetière s. v. ohne Weiteres
sagen konnte: Les Elegies françoises se font de vers Alexan-
drins. Pasquier seinerseits theilt livr. VII, chap. XII eine
Elegie mit, welche er 1556, Petrus Ramus zu gefallen, in
Hexametern und Pentametern, d. h. im elegischen Masse
der Alten gedichtet habe. Er beginnt:

Rien ne me plaist sinon de te chanter, et servir et orner,
Rien ne te plaist mon bien, rien ne te plaist que ma mort.
Plus je requiers, et plus je me tiens seur d'estre refusé,
Et ce refus pourtant point ne me semble refus....

Diese scheinen ihm selbst nicht grossen Werth zu haben,

welche seit Jean Le Maire[47] nach den ersten beiden Jamben eine Cäsur haben mussten. «Wenn du die Cäsur wegnimmst, sagt Pasquier[48], so nimmst du nicht nur die Gracie weg, sondern, was noch mehr ist, der Vers lässt sich nicht mehr erkennen». Die Reime sind unveränderlich plates, doch wechseln noch nicht, wie später nach dem Vorgange Marots[49] in einzelnen Fällen, nach den Gesetzen der Plejade, männliche und weibliche in bestimmter Folge.

In den Liebesklagen hat Louïze an diese Muster des bewunderten Clément sich gehalten, und mit mehr Takt als Marot und dessen Nachfolger niemals erkältende Wortspiele sich gestattet. Sie entspricht genau allen Anforderungen, welche Boileau an die elegische Dichtung stellen sollte :

Elle peint des amants la joie et la tristesse,
Flatte, menace, irrite, apaise une maîtresse ;

mais, setzt er hinzu : bien estime-je qu'ils sont autant fluides que les Latins. Seine Hoffnung, künftig von Andern Besseres geleistet und die vers mesurés in der französischen Sprache eingebürgert zu sehen, ist trotz wiederholter Bemühungen (Turgot hat Hexameter versucht) nicht in Erfüllung gegangen.

47) Jean Le Maire de Belges, geb. 1473, gest. 1524 oder 1548, bildet den Uebergang zwischen dem XV. und dem XVI. Jahrhundert. Er war «le premier qui à bonnes enseignes donna vogue à nostre Poésie». Pasquier, «Les Recherches de la France.» Paris 1621, livre VII, chap. V, p. 612.

48) l. c., livre VII, chap. VIII, p. 626.

49) Vgl. die Anmerkung 54.

und sie namentlich, wenn irgend Einer, war begabt und berechtigt zur Elegie, denn

pour bien exprimer ces caprices heureux,
c'est peu d'être poète, il faut être amoureux.

in der That, ist sie auf diesem Gebiete von ihren Zeitgenossen niemals erreicht und von den Späteren selten übertroffen worden.

Trotzdem hatte Sainte-Beuve in dem tableau de la poésie française au XVIᵉ siècle die Verse der schönen Seilerin im Allgemeinen als assez insignifiants bezeichnet. Als aber Viollet-Leduc und Guillaume Patin (im Journal des Savants) [50] auf die Ungerechtigkeit solches Urtheils hingewiesen hatten, nahm er bald und wiederholt Gelegenheit der Dichterin gerecht zu werden [51]. Er gestand zu, dass die Elegien coulantes et gracieuses seien.

Noch mehr des Lobes gewinnen ihre Sonnette, deren 23 (darunter eines in italienischer Sprache) erhalten sind. Diese Gattung galt in Frankreich lange als ganz besonders schwierig und wurde schon um der Schwierigkeit willen bewundert.

50) Décembre 1844.
51) Sainte-Beuve, Portraits contempor. éd. 1871, vol. V, p. 2. Nous avons beaucoup trop négligé Louïze Labé, parce qu'en étudiant au XVIᵉ siècle le mouvement et la succession des écoles, on la rencontre très-peu. Sie war ihm so wenig begegnet, dass er den discours als Débat de la folie et de l'amour bezeichnet, — Beweis, dass er ihn nie gelesen hatte.

Zwei missverstandene Stellen Vauquelins [52], die
eine in l'Art poétique, die andere in den Divers
sonnets [53] und Pasquier haben zu dem unzählige
Male wiederholten Irrthum verleitet, dass Joachim
Du Bellay der Sonnettform zuerst sich bedient
habe, während sie durch ihn nur in Mode ge-
bracht worden : die Medicäerin auf dem Throne
hatte den Geschmack für alles aus Italien Stam-
mende noch bedeutend gesteigert. Der Name Sonnet findet sich bereits in der ersten Hälfte des XIII.
Jahrhunderts. Thibault de Champagne [54] singt :

> S'en oz-je faire encore maint gent party,
> Et maint sonnet et mainte recordie.

Der Troubadour Gérard de Bourneuil (✝ 1278)
hat mehrere Sonnette hinterlassen. Im Roman du
Renart [55] heisst es :

> Chantecler lors s'aseûra,
> De la joie un sonet chanta.

52) Jean Vauquelin de la Fresnaye (1536-1609) schrieb
im Auftrage Heinrichs III l'art poétique; bei diesem Werke,
das 1605 veröffentlicht wurde, machte Boileau zahlreiche
Anlehen, ohne jedoch den Gläubiger zu nennen. Godefroy,
Histoire de la litt. franç. Paris 1867. Vol. I, p. 238.

53) Ce fut toi, Du Bellay, qui des premiers en France
    D'Italie attiras les sonnets amoureux...

54) Geboren 1205 † 1253. Nach Philipon-La-Madeleine
(Petite encyclopédie poétique. Paris 1805, tome XIV, p. 422)
war Thibault auch le premier de nos poëtes qui ait senti le
prix du mélange des rimes masculines et féminines.

55) Vers 1560, éd. Méon.

und im Roman de la Rose [56] heisst es :

Lais d'amors et sonnés cortois
Chantoit chascun en son patois.

Nichts aber beweisst, dass Sonnet, welches im
Allgemeinen chanson bedeutet, stets die be-
stimmte Form des italienischen gehabt habe. Der
Gebrauch der letzteren wird erst im XVI. Jahrhundert häufiger, ohne dass bis zu Boileaus Zeit
und nach dessen Dafürhalten jemals ein fehlerloses
zu Stande gekommen :

Cet heureux phénix est encore à trouver.

Unter den tausenden, welche von Gombaut,
Maynard und Malleville herrühren, verdienten
kaum zwei oder drei bewundert zu werden.
Uebrigens

un sonnet sans défaut vaut seul un long poème.

Gegen so seltsame Behauptung braucht heut-
zutage nichts mehr eingewendet zu werden, da
aber Despréaux sie ausspricht, so ist sie in Frankreich dereinst unzweifelhaft als richtig anerkannt
worden, und nur desto mehr zu rühmen sind
Louïzens Sonnette. Nicht alle stehen auf gleicher
Höhe, doch überragen sie durch Inhalt und Form
die viel gepriesenen Regrets Du Bellays, u. A.,

56) Vers 707, éd. Francisque-Michel.

und einige haben noch jetzt vollen Anspruch auf
Beifall. Die Sprache ist allerdings nicht immer
korrekt, was in der Mitte des XVI. Jahrhunderts
sich leicht erklärt. Das Französische schien damals
vogelfrei, die grécaniseurs, latiniseurs und ita-
lianiseurs behandelten ihr eigenes Idiom wie
Feinde ein erobertes Land, Jeder schaltete und
waltete nach Belieben ohne Rücksicht auf Herkommen und Regel, verliess die durch Villon
et Commines angebahnten Wege um nach Will-
kür und Neigung umherzuschlendern. Alles war
erlaubt. Und so griffen besonders die Dichter zu
fremden Worten und Wendungen, wenn es ihnen
genehm und bequem war.

Wenn z. B. Louïze im Sonnet IV schreibt:

> Quelque trauail, dont assez me donna,
> Quelque menasse et prochaine ruine:
> Quelque penser de mort qui tout termine,
> De rien mon cœur ardent ne s'estonna.

so fehlt zu diesen quelque das Prädikat.

Neben derartigen Verstössen gegen die durch
Malherbe erst mit aller Strenge eingeführten Gesetze zeigen sich nicht selten unklare, dunkle
gesuchte Ausdrücke.

Wer damals ohne dergleichen schrieb, hätte
das Recht gehabt den ersten Stein auf Louïze zu
werfen.

Marot kritisirt in einer epistre, seinem Valet

Fripelipes beigelegt, die Sainct-Gelais, Heroet,
Rabelais, Seue, Brodeau, Chapuy, u. s. w., welche ihn angegriffen hatten :

> — Il ne faut pour leur respondre
> D'autres escripts à les confondre,
> Que ceulx là mesmes qu'ilz ont faictz,
> Tant sont grossiers et imparfaictz :
> Imparfaictz en sens et mesure,
> En vocables et en cesures.
> Au jugement des plus fameux,
> Non pas des ignorans, comme ceulx.

Wenn aber Sainte-Beuve [57] als Beleg für ge-
zwungene Wendungen anführt,

> Quand Phebus ha son cerne en terre,

so ist die Wahl nicht gerade bezeichnend. Es giebt
vielmehr ein hübsches Bild, da cerne namentlich
den «magischen Zauberkreis» bedeutet.

Zuweilen erlaubt die Dichterin sich Freiheiten
mit der Cäsur, die statt nach einer langen, nach
einer kurzen Silbe gesetzt wird, oder in Betreff
der Silbenzahl.,

Sonn. VII.
> Ne me laisses ‖ pas si longtems pasmée.

Sonn. VIII.
> La vie m'est et ‖ trop molle et trop dure.

Sonn. XXIII.
> Mais ie m'assure, quelque part que tu sois.

57) Portraits contemp. éd. 1871. Tome V, p. 27.

Doch solche Mängel mögen zugestanden werden. Auch nicht Alles, was die grössten Meister gemacht, ist meisterhaft, sie werden jedoch, wie billig, beurtheilt nach dem Besten, was sie gegeben haben. Wer in Frankreich hat nach Louïze Labé noch so einfach und rührend gedichtet wie z. B.

> Tant que mes yeus pourront larmes espandre,
> A l'heur passé auec toy regretter :
> Et qu'aus sanglots et soupirs resister
> Pourra ma voix, et un peu faire entendre :
> Tant que ma main pourra les cordes tendre
> Du mignart Lut, pour tes graces chanter :
> Tant que l'esprit se voudra contenter
> De ne vouloir rien fors que toy comprendre :
> Je ne souhaitte encore point mourir,
> Mais quand mes yeux ie sentiray tarir,
> Ma voix cassée, et ma main impuissante,
> Et mon esprit en ce mortel seiour
> Ne pouuant plus montrer signe d'amante :
> Priray la mort noircir mon plus cler jour.

Und mahnt nicht an Clärchens Lied :

> Je vis, ie meurs : ie me brule et me noye.
> J'ay chant estreme en endurant froidure :
> La vie m'est et trop molle et trop dure.
> J'ay grans ennuis entremeslez de ioye :
> Tout à un coup ie ris et ie larmoye,
> Et en plaisir maint grief tourment i'endure :
> Mon bien s'en va, et à iamais il dure :
> Tout en un coup ie seiche et ie verdoye.
> Ainsi Amour inconstamment me meine :
> Et quand ie pense auoir plus de douleur,
> Sans y penser ie me treuve hors de peine.
> Puis quand ie croy ma ioye estre certeine,

Et estre au haut de mon désiré heur,
Il me remet en mon premier malheur.

Auch mag noch angeführt werden :

> Oh si i'estois en ce beau sein ravie,
> De celui là pour lequel vois mourant:
> Si auec lui viure le demeurant
> De mes cours iours ne m'empeschoit enuie,
> Si m'acollant me disoit, chere Amie,
> Contentons nous l'un l'autre, s'asseurant
> Que ia tempeste, Euripe, ne courant
> Ne nous pourra desioindre en notre vie :
> Si de mes bras le tenant acollé,
> Comme du lierre est l'arbre encercelé,
> La mort venoit, de mon aise enuieuse :
> Lors que souef plus il me baiseroit,
> Et mon esprit sur les leures fuiroit,
> Bien ie mourrois, plus que viuante, heureuse.

Wie in den Gedichten zeigt Louïze Labé auch in der Prosa einen der Reize, der sonst ihrer Nation nicht gerade eigen ist, nemlich Naivetät, insofern diese den Gegensatz bildet zu Berechnung, Affektation, der gefährlichsten Feindin jeder Kunst. Aber solche Absichtslosigkeit, welche gegen den überlegenden gemeinen Verstand verstösst, erhöht unser Wohlgefallen nur, wenn dieses durch die kunstvolle Darstellung des Ganzen bereits gewonnen ist. An bedeutenden Menschen erscheint Ungeschicklichkeit liebenswürdig.

Louïze behandelt in dramatischer Form den Debat de Folie et d'Amour nach einer vielleicht dem Italienischen entlehnten[58] Idee. In 5 « Discours » treten als Personen auf : Folie, Venus, Apollon, Amour, Jupiter, Mercure.

Das Argument erzählt, dass Jupiter ein grosses Fest gab, bei welchem alle Götter sich einzufinden hatten. Amour und Folie gelangen im selben Augenblick an das Palastthor, welches bereits geschlossen, nur die schmale Pforte ist noch offen. Hier beginnt Discours I.

Folie.

« Wie ich sehe, werde ich die Letzte bei Jupiters Fest sein, wo man, glaub ich, mich erwartet. Aber mir scheint, ich sehe den Sohn der Venus, der eben so spät wie ich ankommt. Ich muss ihm vorausgehen, damit man mich nicht lässig und träge nennt ». (Sie drängt Amour zurück und tritt ein.)

Amour.

Wer ist die Närrin, die mich so heftig stösst? Welche Hast treibt sie ? Wenn ich Dich bemerkt,

58) Diese Vermuthung wird allgemein ausgesprochen, durch Thatsachen nicht gerechtfertigt. Auch des Erasmus «Lob der Narrheit» wird als Quelle bezeichnet. In der genannten Schrift aber findet sich nirgends etwas Aehnliches, obwohl von der Narrheit der Götter gesprochen wird. Wieland l. c. sagt : dieser prosaischen Komposition diene «eine bekannte Fabel zur Grundlage.» Allerdings ist die Fabel l'Amour et la Folie sehr bekannt: sie steht im XII. Buche Lafontaines, der aber nur ein Jahrhundert später als Louïze gelebt.

hätte ich Dich wohl gehindert, mir vorbei zu gehen.

Folie.

Du hättest mich nicht hindern können, da Du so klein und schwach bist. Aber Jupiter sei Dir gnädig, ich gehe voran, zu sagen, dass Du ganz gemächlich kommst.

Amour.

So geht die Sache nicht ab. Bevor Du mir entrinnst, werde ich Dir lehren, dass Du mit mir nicht anbinden darfst.

Folie.

Lass mich, halte mich nicht auf, denn es wäre eine Schande für Dich mit einer Frau zu streiten. Und wenn Du mich einmal zornig machst, wirst Du den Kürzeren ziehen.

Amour.

Was sind das für Drohungen? Ausser dieser Närrin habe ich noch Keinen gefunden, der mir gedroht hätte.

Folie.

Du zeigst recht Deine Unbesonnenheit, da Du übel aufnimmst, was ich scherzweise gethan habe, und Du kennst Dich selbst nicht, wenn Du verübelst, dass ich die Oberhand zu behalten ge-

denke, sobald Du mich angreifst. Siehst Du nicht,
dass Du nur ein kleines Knäbchen bist? Und so
schwächlich, dass ich Dich wenig fürchten würde,
auch wenn mir ein Arm festgebunden wäre.

Amour.

Kennst Du mich nicht?

Folie.

Du bist Amour, Sohn der Venus.

Amour.

Was spielst Du also die Tapfere mir gegenüber,
der ich, so klein Du mich siehst, unter Göttern
und Menschen am meisten Furcht und Entsetzen
einflösse? Und du unbekanntes Weib wagst Dich
über mich zu erheben? Deine Jugend, Dein Geschlecht, Deine Handlungsweise zeigen genug,
dass Du unter mir stehst, aber mehr noch zeigt
es sich durch Deine Unwissenheit, welche Dir
nicht gestattet den hohen Rang zu kennen, den
ich einnehme.

Folie.

. Im Sprechen bist Du gross. Nicht an mich
musst Du mit Dergleichen Dich wenden. Aber
sage mir, was ist das für eine grosse Macht, deren Du Dich berühmst?

Amour.

Himmel und Erde wissen davon zu erzählen. Nirgends ein Ort, wo ich nicht Siegeszeichen hinterliess. Betrachte im Himmel die Reihen der Götter und frage Dich, ob irgend einer von ihnen meinen Händen entrann. Beginne mit dem alten Saturn, Jupiter, Mars, Apollo und endige mit den Halbgöttern, Satyren, Faunen und anderen Waldgöttern. Nicht werden die Göttinnen sich scheuen Etwas zu berichten. Auch Pallas schreckte mich nicht mit ihrem Schilde: aber ich wollte sie nicht unterbrechen in ihrer feinen Arbeit, zu der sie Tag und Nacht verwendet. Beuge Dich hinunter nach der Erde und sage, ob Du hervorragende Menschen findest, die mir nicht unterworfen sind oder waren. Sieh' im wilden Meere Neptun und seine Tritonen mir unterthan. Denkst Du, dass die Unterirdischen ausgenommen sind? Liess ich sie nicht emporsteigen aus ihren Tiefen, die Sterblichen in Schrecken setzen und die Töchter ihren Müttern rauben, ob sie gleich selber Richter sind über solche Missethaten und Verbrechen wider das Gesetz! Und damit Du nicht zweifelst, mit welchen Waffen ich solche Heldenthaten vollführte, sieh hier einzig meinen Bogen und meine Pfeile, die mir all diese Eroberungen verschafften. Mir braucht Vulkan nicht Blitze, Helm,

Schild und Schwert zu schmieden. In meinem
Gefolge sind nicht Furien, Harpyen und derar-
tige Unholde, um schon vor dem Kampfe Furcht
einzuflössen. Ich kümmere mich nicht um Heer-
wagen, Streiter, Waffenträger und allerhand
Kriegsvolk, ohne welche die Menschen drunten
nicht siegen würden, da sie selbst so wenig ver-
mögen, dass der Einzelne, wie stark und mächtig
immer, vollauf zu thun hat gegen Zwei. Ich aber
habe weder Waffen noch Rath oder Munition und
Beistand ausser mir selbst. Wenn ich die Feinde
im Felde stehen sehe, trete ich hervor mit meinem
Bogen; ein Pfeil, von mir abgesendet, treibt sie
sofort zur Flucht; der Sieg ist gewonnen, so bald
wie die Schlacht begonnen.

Folie.

Ich entschuldige Deine Jugend ein wenig, sonst
würde ich Dich mit gutem Recht den dünkelhaf-
testen Narren der Welt nennen. Es könnte scheinen, wenn man Dich anhört, als ob Jeder nur
Deiner Gnade sein Leben verdanke, und dass Du
der wahre Herr und einzige Herrscher im Himmel und auf Erden seiest. Du bist unrecht ange-
kommen, wolltest Du mir das Gegentheil von dem
einreden, was ich weiss.

Amour.

Es ist eine seltsame Art und Weise das in Ab-
rede zu stellen was Jeder zugesteht.

Folie.

Der Anderen Urtheil geht mich nichts an : was
mich betrifft, ich bin nicht so leicht zu täuschen.
Traust Du mir so wenig Einsicht zu, dass ich
nicht an Deiner Haltung und Deinem Benehmen
erkennen sollte, wie viel Verstand Du haben
kannst? Willst Du mir vorspiegeln, dass ein Geist
so unbedeutend wie der Deinige, und Dein jun-
ger, schwächlicher Körper würdig sei derartiger
Herrschaft, Macht und Grösse, wie Du Dir an-
massest? Wenn einige seltsame Abenteuer, die
Dir begegnet, Dich täuschen, so wähne nicht,
dass ich in ähnlichen Irrthum verfalle, da mir
sehr wohl bekannt, dass nicht durch Deine Kraft
und Fähigkeit so viel Wunder in der Welt geschehen sind, sondern durch mein Zuthun, meine
Macht und Sorgfalt, obgleich Du mich nicht
kennst. Aber willst Du Deinen Zorn etwas mäs-
sigen, so werde ich Dir bald zeigen, dass Dein
Bogen und Deine Pfeile, auf welche Du so stolz
bist, weicher sind als Wachs, wenn ich nicht den
Bogen gespannt und das Eisen Deiner Pfeile gestählt habe.

Amour.

Ich glaube, Du willst meiner Geduld ein Ende machen. Ich wüsste nicht, dass jemals irgend wer ausser mir meinen Bogen geführt hätte, und Du willst mir vorreden, dass ich ohne Dich nichts vermöchte. Aber da Du ihn so gering achtest, sollst Du sogleich an Dir selbst seine Wirkung erproben.

(Folie macht sich unsichtbar, so dass Amour sie nicht treffen kann.)

Amour.

Was ist aus Dir geworden? Wie bist Du mir entgangen? Entweder traf ich nicht, weil ich Dich nicht sah, oder gegen Dich allein blieb mein Pfeil machtlos. Das ist der seltsamste Fall, der mir je vorgekommen. Ich glaubte, der einzige zu sein unter allen Göttern, der selbst ihnen nach Belieben sich unsichtbar machen kann, und jetzt fand ich einen, der mir vor den Augen verschwindet! Wer immer Du seiest, sage mir wenigstens, ob zufällig mein Pfeil Dich getroffen, Dich verwundet hat.

Folie.

Sagte ich Dir nicht, dass Pfeil und Bogen nur wirken, wenn ich dazu helfe? Weil mir nicht beliebte verwundet zu werden, war Dein Schuss

vergebens. Und sei nicht verwundert, dass Du
mich aus dem Gesichte verlorst, denn, wenn es
mir gefällt, kann weder Adlerauge noch epidau-
rische Schlange mich erspähen. Und nicht mehr
und nicht minder als das Chamäleon nehme ich
zuweilen die Gestalt derjenigen an, welche bei mir
sind.

Amour.

Allem Anscheine nach musst Du irgend eine
Hexe oder Zauberin sein. Bist Du nicht irgend
eine Circe, Medea oder Fee?

Folie.

Du verletzest mich fortwährend mit Worten,
und es hat nicht an Dir gelegen, sonst wäre es
auch durch die That geschehen. Ich bin Göttin so
gut wie Du Gott : mein Name ist Folie. Ich bin,
die Dich gross macht oder erniedrigt nach meinem
Belieben. Du lässt die Bogensehne los und sendest
die Pfeile in die Luft: ich aber führe die Pfeile
in die Herzen, welche ich ausersehe. Wenn Du
glaubst noch grösser zu sein als überhaupt möglich, dann stelle ich durch einen kleinen Possen
die Ordnung her und führe Dich wieder auf Dein
gewöhnliches Mass zurück.

Du wendest Dich gegen Jupiter : aber er ist so
mächtig und gross, dass Du nichts über ihn ver-
möchtest, wenn ich nicht Deinen Pfeil gestählt

hätte. Und wenn Du allein Liebe zu erregen im
Stande, was wäre Dein Ruhm, liess ich nicht
diese Liebe durch tausend Erfindungen sich offen-
baren? Du hast in Jupiter Liebe erweckt, ich
aber habe ihn sich verwandeln lassen in einen
Schwan, Stier, Adler und in Gold, den Feder-
händlern, Wölfen, Jägern und Dieben ausgesetzt. Wer liess Mars mit Deiner Mutter im Netze
ertappen, wenn nicht ich, die ihn so unbesonnen
gemacht, dass er einen armen Ehemann in dessen
eigenem Bette betrog? Was wär' es gewesen, wenn
Paris Helena nur geliebt hätte? Er war in Troja,
sie in Sparta; sie hatten nicht Gelegenheit zusammen zu kommen. Liess ich ihn nicht eine Flotte
rüsten, zu Menelaos gehen, dessen Frau den Hof
machen, sie entführen und endlich seine unge-
rechte Sache gegen ganz Griechenland vertheidigen? Wenn nicht Dido die Jagd zum Vorwand
genommen um mit Aeneas bequem unter vier
Augen zu sein und solche Vertraulichkeit zu zeigen, dass er ohne Scheu annehmen durfte, was
ihm gern gegeben wurde; und wenn nicht Dido
durch jammervollen Tod ihre Liebe gekrönt —
wer hätte jemals von dieser gesprochen? Eben so
wenig wie von tausend andern Frauen, die den
durchreisenden Gästen Vergnügen gewähren. Ich
glaube, dass von Artemisia keine Rede, wäre sie
nicht durch mich veranlasst worden die Asche

7

ihrcs Gemahls im Getränk zu sich zu nehmen.
Denn wer hätte gewusst, ob ihre Neigung stärker
gewesen als die anderer Frauen, welche geliebt
und um Gatten und Freunde getrauert haben?
Von der Wirkung und dem Ende der Dinge
hängen Beifall und Verachtung ab. Wenn Du
Liebe erweckst, geschieht es am häufigsten durch
mein Zuthun. Aber entsteht daraus irgend eine
seltsame Begebenheit oder eine grosse Wirkung,
so hast Du dabei nichts zu schaffen: sondern mir
allein gebührt die Ehre. Du besitzest nur das
Herz: der Rest wird durch mich regiert. Du
weisst nicht, welcher Weg einzuschlagen ist. Dich
erkennen zu lassen, was man thun muss um zu
gefallen, leite und führe ich Dich, und Deine
Augen nützen Dir nicht mehr als das Licht dem
Blinden. Damit Du von jetzt ab meinen Werth
erkennest und mir Dank wissest, wenn ich Dich
leiten und führen werde, gieb Acht, ob Du irgend etwas von Dir selber siehst?
(Sie reisst ihm die Augen aus.)

Amour.

O Jupiter! O meine Mutter Venus! Jupiter,
Jupiter, was hat mir genützt Gott zu sein, Sohn
der Venus, bisher so gern gesehen im Himmel
und auf Erden, wenn ich ausgesetzt bin beleidigt
und beschimpft zu werden wie der niedrigste

Sklave oder Verbrecher, und ein unbekanntes
Weib mich blenden konnte? Dass doch mir zum
Unheil dieses feierliche Mahl angesetzt wurde?
Soll ich in diesem Zustande mich bei den andern
Göttern oben einfinden? Sie werden sich freuen
und ich werde nichts als klagen. O grausames
Weib! Warum hast Du mich so misshandelt!

Folie.

. . . .

Du hast die Königin der Menschen beleidigt,
sie, die Verstand, Herz und Geist regiert, unter
deren Schutz Jeder einmal sich begiebt und dort
je nach seinem Verdienst längere oder kürzere
Zeit verweilt. Du hast diejenige beleidigt, welche
Dir Deinen Ruf verschafft und sich nicht darum
bemüht hat, das Weltall wissen zu lassen, dass
der beste Theil des Dankes, den es Dir zollte, ihr
gebührte. Wärest Du bescheidener gewesen, obgleich ich Dir unbekannt war, diese Strafe hätte
Dich nicht getroffen.

Amour.

Wie ist es möglich Einem Ehre zu bezeugen,
den wir nie gesehen haben? Ich habe Dich durchaus nicht so sehr beleidigt wie Du sagst, da ich
Dich nicht kannte. Denn hätte ich gewusst, wer
Du bist und wie gross Deine Macht, ich hätte

Dir so viel Verehrung bewiesen wie einer grossen
Dame zukommt. Aber ist es möglich, wenn anders Du mich so geliebt und mir in allen Unter-
nehmungen beigestanden, dass Du mir verzeihest
und die Augen zurückgiebst?

Folie.

Dass Dir Deine Augen zurückgegeben werden
oder nicht, steht nicht in meiner Macht. Aber ich
werde die Stelle, wo sie waren, Dir so herrichten,
dass man den Mangel nicht bemerkt.
(Sie legt ihm eine Binde um und setzt ihm
Flügel an [59].)
Und bis Du die Augen wieder erlangst, leihe
ich Dir diese Flügel : sie werden Dich eben so gut
wie mich führen.

Amour.

Woher hattest Du gerade diese Binde um meine
Wunde zu verbinden?

Folie.

Eine der Parzen, die ich unterwegs traf, gab
sie mir und sagte, sie sei derart, dass sie Dir nie
wieder abzulösen sei.
Amour bricht in Wehklagen aus und gelobt sich

59) Es ist interessant, dass Amour Anfangs ohne Flügel
erscheint und diese erst durch Folie erhält. Vgl. Jak. Grimm,
Ueber den Liebesgott. Kl. Schr. II, p. 317 folg.

zu rächen an der falschen Hexe, die ihn so schmählich behandelt hat.

Den Discours II eröffnet Amour mit einem Monologe.

Jetzt bin ich aller Dinge müde. Es wird das Beste sein, dass ich vor Zorn meinen Köcher leere, die Pfeile wegwerfe, dann Bogen und Köcher meiner Mutter zurückgebe. Mögen sie im Himmel und auf der Erde wohin immer fliegen, mich kümmert es nicht: ist es mir doch nicht mehr möglich Liebe zu erwecken in wem ich will... Ich liess die jungen Mädchen die jungen Männer lieben: ich war der Gefährte der Schönheit und der Gewandtheit, verschonte die hässlichen, niederen und gemeinen Personen, liess das Alter in Frieden. Jetzt, wenn ich glaube einen jungen Mann zu treffen, werde ich auf einen Greis fallen, statt irgend welches stattlichen Galans einen winzigen Unhold mit schiefem Munde, und diese werden die verliebtesten sein und am meisten geliebt sein wollen. Durch Zudringlichkeit, Geschenke, Reichthum oder das Missgeschick einiger Damen werden sie noch mehr als das Anfangs Beabsichtigte erreichen, und meine Herrschaft wird von den Menschen verachtet werden, sobald sie dergleichen Unordnung und schlechte Regierung sehen. Genug: mag

kommen, was will! Hier sind alle meine Pfeile;
Mancher wird darunter leiden, der nichts dafür
kann.

Venus (tritt auf).

Endlich find' ich Dich, mein lieber Sohn; Du
hast mir Sorge gemacht. Weshalb kamst Du nicht
zu Jupiters Gastmahl? Die ganze Gesellschaft war
Deinetwegen in Unruhe. Es war von Deinem
Ausbleiben die Rede und Jupiter hat tausend
Klagen gegen Dich vernommen von unzähligen
Künstlern, Arbeitern, Sklaven, Kammermädchen,
Greisen, zahnlosen alten Frauen, die alle zu Ju-
piter schreien, dass sie lieben;. und die Vornehm-
sten unter den Klagenden sind entrüstet, weil Du
sie in dieser Beziehung dem niederen Volke gleich-·
stellst, und die Leidenschaft, sonst nur den edeln
Seelen eigenthümlich, ·jetzt Gemeingut ist für
Hohe und Ungeschickte.

Amour.

Wäre mein Unglück nicht gekommen, ich hätte
dem Mahle beigewohnt wie die Andern, und jene
Klagen wären nicht laut geworden.

Venus.

Bist Du verwundet, mein Sohn? Wer hat Dir
so die Augen verbunden?

Amour.

Folie hat mir die Augen herausgerissen, und aus Furcht, sie könnten mir zurückgegeben werden, hat sie diese Binde angelegt, die nimmer wieder zu lösen ist.

Venus jammert über das Leid ihres Sohnes und spricht den Fluch aus:

So mögen alle die, welche lieben werden (gleichviel der ·Rang, den sie einnehmen), niemals ohne Weh und Kummer sein, damit sie sich nicht glücklicher preisen als den theuern Sohn der Venus.

Amour.

Hör' auf zu klagen und vermehre nicht meinen Schmerz durch Deine Betrübniss. Lass mich allein mein Unglück tragen, und wünsche nicht Uebles denen, die mir folgen werden.

Venus.

Komm, mein Sohn, zu Jupiter und fordern wir Rache an dieser Elenden.

Im Discours III klagt Venus bei Jupiter wegen der ihrem Sohne zugefügten Unbill.

Der Vater der Göttin verheisst Folie zu bestrafen, doch erst müsse er sie hören, damit sie sich nicht zu beschweren Ursache habe.

Denn obgleich ich die Wahrheit durch mich selbst wissen kann, will ich doch nicht diese Sitte einführen, es könnte zur Gewohnheit werden eine Person ungehört zu verurtheilen. Deshalb sei Folie hieher gerufen.

Folie erklärt sich bereit auf die Anklage zu antworten. Weil aber die jungen Götter von vornherein für Amour sein würden, bittet sie, dass beiden Parteien Anwälte bestellt werden, damit nicht nach dem Ansehen der Person, sondern der Wahrheit gemäss Recht gesprochen werde. Da Jupiter dies zugesteht, wählt sie Mercur zu ihrem Vertheidiger, während Venus ihre Sache Apollon anvertraut.

Die Verhandlung der Sache wird auf den folgenden Tag angesetzt.

An dem Morgen desselben, im Discours IV, kommt Amour den Grossvater zu begrüssen und setzt auf Befragen desselben auseinander, wie es gewöhnlich in die Hand eines jeden gegeben sei Liebe zu erringen, vorausgesetzt, dass man seine Pflicht thue. Jupiter will ein anderes Mal mit mehr Musse hierüber sprechen, jetzt aber in die Götterversammlung sich begeben.

Dieser vierte Akt scheint den Zweck zu haben, die Zuhörer zu unterrichten, dass inzwischen die Nacht als verflossen gedacht wird, und den An-

wälten Zeit gegönnt worden auf ihre Reden sich
vorzubereiten.

Mit dem Discours V eröffnet Apollon sein Plai-
doyer, dessen Form die vor Gericht gebräuchliche.

Einleitend gibt er eine Uebersicht dessen, was
er vorzubringen gedenkt und knüpft hieran die
einfache Erzählung des Thatbestandes nach Discours I.

« Die Wunde ist sichtbar, das Vergehen offenbar : nach dem Urheber braucht man nicht zu
forschen. Diejenige, welche den Streich geführt,
sagt, predigt, verkündet es allerorten. Frage sie:
noch bevor Du gefragt hast, wird sie es eingeste-
hen. Was bleibt übrig? Wenn gesagt ist [60] : Zahn
um Zahn, Auge um Auge, so versteht sich das
von Personen gleichen Ranges. Aber wenn man
diejenigen verletzt, von denen die Erhaltung mehrerer abhängt, so verschärfen sich die Strafen,
waffnen die Gesetze sich mit Strenge und rächen
die dem Publikum zugefügte Unbill. Das ganze
Weltall hält nur zusammen [61] durch gewisse amou-

60) 2 Mos. XXI, 24. von Apollon angeführt!
61) Schiller, Die Weltweisen.
    Einstweilen bis den Bau der Welt
    Philosophie zusammenhält,
    Erhält sie das Getriebe
    Durch Hunger und durch Liebe.

reuses compositions; wenn diese aufhörten, würde
das ehemalige Chaos wieder eintreten. Nimm die
Liebe fort und Alles ist zerstört. Sie also muss
ihrem vollen Wesen nach erhalten werden....
Amour beleidigen, beschimpfen, was ist es Anderes als alle Dinge verwirren und zu Grunde
richten wollen? Allzu gut wäre gewesen, dass
die Verwegene sich an Dich gewendet, denn Du
hättest Dich wohl gehütet. Da sie aber an Cupido
sich machte, hat sie Dir unersetzlichen Schaden
gethan.

....Diese Beleidigung trifft auch ganz besonders alle anderen Götter, Halbgötter, Faunen,
Satyre, Göttinnen, Nymphen, Männer und
Frauen.... Und Folie ist schamlos genug vor
Euch Gottheiten sich zu zeigen: es scheint ihr
(wenn ich so sagen darf), dass ihr so thöricht
sein werdet sie freizusprechen. Nichtsdestoweniger bin ich von Amour bestellt Bestrafung und
Rache zu beantragen.

....Er überlässt alles Euerm Ermessen, ihr
Götter, und verlangt, ausser dass ihm die Augen
zurückgegeben werden, nur noch dass gesagt
werde, Folie habe Unrecht gehabt ihn zu beleidigen und zu beschimpfen. Und damit dergleichen Störung künftig nicht wieder eintrete, mögt
ihr befehlen, dass Folie von dem Ort, wo Amour
sich befindet, auf hundert Schritt in der Runde

fern bleibe. Dass dies geschehen müsse, werdet
ihr für gut finden, sobald ihr gehört habt, von
welchem grossen Nutzen Amour sein wird, wenn
er in diesem Punkte gewonnen hat; welches Unheil er dagegen anrichten wird...., sobald seine
Augen verloren sind. „

Gezeigt wird nun in längerer Rede mit Hin-
weis auf classische wie moderne Dichter und
Philosophen, dass Amour der Urheber nicht nur
alles Schönen sei, des Anstandes, der Sorgfalt für
den Körper, der Wohlredenheit, sondern auch des
Ruhmes, der Ehre, des Reichthums, der Lust;
und dass selbst das grösste Glück nach der Liebe
darin bestehe von ihr zu sprechen [62]. Was aber
werde geschehen, wenn er geblendet bleibe und
Folie in seine Angelegenheiten sich mische? Un-
vermeidlich sei, dass künftig niedrige Gesinnung,
Missvergnügen, Nachtheil eintrete, wenn Folie
nicht von Amour getrennt werde.

Lass, o Jupiter, Amour in Frieden unter den
Menschen sich erfreuen..., und damit Keiner auf
schlimme Vermuthungen komme (wenn der
Freund des Hauses bei seiner Freundin auch des

62) Schiller, Des Mädchens Klage.
   Das süsseste Glück für die trauernde Brust
   Nach der schönen Liebe entschwundener Lust
   Sind der Liebe Schmerzen und Klagen.

Nachts bleibt, einer die Frau des Freundes, des Nachbarn, des Verwandten sicher führt, wohin ihm gut dünke), mache auf der ganzen Erde bekannt, nicht mit Trompetenschall oder durch Anschlag an den Thoren der Tempel, sondern durch Einschreiben in das Herz aller derer, welche ein Paar Liebende sehen werden, dass es unmöglich sei, sie wollten irgend welche Thorheit thun oder ersinnen... Ich appellire an Euch, ihr Götter und Göttinnen, die ihr Venus so sehr in Ehren gehalten habt und haltet. Jetzt ist Gelegenheit ihr die Gunst zu lohnen, deren sie euch hat zu Theil werden lassen. Aber von wem soll ich mehr hoffen, als von Dir, Jupiter? Wirst Du die schönste der Göttinnen vergebens flehen lassen...? Werden unsere Wünsche und Bitten umsonst gewesen sein? Wenn die der Menschen Dich zwingen können und oft aus Deinen Händen den Blitz, den Du gegen sie zu schleudern im Begriff warst, unschädlich fallen liessen: welche Gewalt werden die Bitten derjenigen besitzen, mit denen Du Macht und Ansehen theilst? Und da wir Dich bitten im Namen Solcher, für die Du selbst (wenn Du hier nicht zu befehlen hättest) mit Bitten eintreten würdest, so wirst Du auch zu ihren Gunsten (wenn anders ich ein wenig von den Geheimnissen der Zukunft errathen kann) mehr thun als wir verlangen, indem Du für ewige Zeiten Amour zum Herrn über

Folie setzest und ihn hellsehender machst als irgend einen anderen der Götter.

Ich habe gesprochen.

Sobald Apollon die Anklage geendigt hatte., zeigte die ganze Götterversammlung durch ihre Bewegung, wie sehr sie Mitleid habe mit der schönen Göttin und ihrem Sohne Amour.

Und gern hätten sie auf der Stelle die Göttin Folie verurtheilt, als der gerechte Jupiter durch seine Herrscher-Majestät ihnen Schweigen gebot um die Vertheidigung zu hören, mit welcher Mercure durch Folie beauftragt war.

Dieser begann in folgender Weise:

Mercure.

Erwartet nicht, Du Jupiter und ihr andern unsterbliche Götter, dass ich meine Rede mit Entschuldigungen beginne (wie manchmal Redner thun, welche fürchten getadelt zu werden, wenn sie eine offenbar schlechte Sache vertreten) weil ich Folie zu vertheidigen übernommen, selbst gegen Cupidon, dem ich oft so viel Gehorsam bewiesen, dass er Recht hätte als ihm ganz ergeben mich zu achten... Die Sache, welche ich vertrete, ist so gerecht, dass sogar diejenigen, welche dagegen gesprochen haben, ihre Meinung ändern werden, sobald sie mich angehört haben.

Der Ausgang des Streites wird, wie ich hoffe, derart sein, dass selbst Amour mir eines Tages danken wird für den Dienst, welchen ich Folie gegen ihn geleistet. Hier ist eine Rechtsfrage zwischen zwei Freunden, die gegen einander durchaus nicht so erbittert sind, dass sie nicht eines Morgens sich versöhnen und an einander so viel Vergnügen wie vordem finden könnten.... Drei Dinge habe ich zu thun. Retten den Kopf meiner Clientin, gegen welche Amour sich verschworen hat; antworten auf die Anklagen, die er gegen Folie vorgebracht, und auf die Forderung in Betreff seiner Augen. Apollon, der so lange die Rhetoren in Rom gehört, hat von ihnen gelernt immer zum eignen Besten reden. Aber Folie, immer offenherzig, will, dass ich Nichts verhehle, sondern nur Ein Wort sage, ungekünstelt, ohne Falsch, schmucklos. In Wahrheit hat Folie zum Scherz getrachtet ihm den Vortritt abzugewinnen um euch eher Vergnügen zu bereiten. Amour ist zornig geworden. Sie sind in Wortwechsel gerathen. Amour hat versucht sie mit seinen Waffen zu verwunden. Folie hat der ihrigen sich bedient, mit denen sie nicht ausgerüstet ist um Irgendeinen zu verwunden, sondern die sie gewöhnlich trägt. Denn Amour, wie ihr wisst, schiesst ins Herz, Folie wirft sich auf die Augen und den Kopf und hat keine anderen Waffen als ihre

Finger. Amour wollte zeigen, dass er über ihr
Herz Gewalt habe. Sie liess ihn erkennen, dass
sie die Macht besitze ihm die Augen zu nehmen.
Er beklagte sich über die Verunstaltung seines
Antlitzes. Gerührt von Mitleid hat sie ihm eine
Binde umgelegt, damit man nicht die beiden
leeren Höhlen sähe, welche sein Gesicht ent-
stellen.

Jetzt stützt sich Mercure auf das Recht der
Selbsthilfe. Amour war der angreifende Theil,
Folie hat sich vertheidigt. Amour werde es selbst
zugestehen. Es sei nicht erst seit heute, dass er so
unerträglich sich geberde; er habe sich oft so gezeigt. Und was könne man Folie vorwerfen? Etwa
Hinterhalt, unerlaubtes Waffentragen, gesetzwi-
drigen Auflauf? Auf Folie und ein Kind müsse
man nicht achten.

Wenn Amour so alt ist, soll er gelernt haben
bescheidner sein als er ist; ist er aber jung, —
auch Folie ist jung und Tochter der Jugend....
Sie ist nicht von so geringer Abkunft, dass sie die
Knabenstreiche Cupidons dulden müsse. Was die
zweite Beleidigung anbetrifft, Folie habe ihm eine
Binde angelegt, so ist das reine Verleumdung.

Denn als sie ihn unter der Stirn verband, dachte
sie nicht daran das Uebel zu verschlimmern oder
ihm die Möglichkeit der Heilung zu benehmen...
Cupidon selbst wollte verbunden sein... er nahm

es als Gunst von Folie... Sie hat mir verboten,
sie als unglücklich darzustellen, eure Verzeihung
für sie zu erbitten, wenn sie gefehlt habe; hat
mir untersagt, sie zu beklagen, eure Knie zu um-
fassen..., um Mitleid für sie zu erwecken. Sie verlangt von euch, was ihr nicht verweigern könnt,
nemlich auszusprechen: Amour ist durch eigene
Schuld blind geworden.

Der zweite Punkt, den Apollon berührt hat,
bezieht sich darauf: er will dass Folie verboten
werde, künftig Amour auf hundert Schritt in der
Runde nahe zu kommen. Er führt als Grund an,
dass sonst, wenn Folie in seine Angelegenheiten
sich mische, Glück und Freude der Menschen in
das Gegentheil verkehrt würden. Meine Absicht
wird sein zu zeigen, dass in alledem Folie um
nichts geringer ist als Amour und dass Amour
ohne sie Nichts wäre. Und weil Amour begonnen
hat seine Grösse durch sein langes Dasein zu er-
weisen, werde ich das Gleiche thun und euch
bitten in das Gedächtniss zurückzurufen, wie der
Mensch, sobald er auf die Erde gesetzt worden,
sein Leben mit Folie begann, und alle Nachkom-
men so fest an ihr gehalten, dass niemals eine
andre Dame in der Welt so wohl angeschrieben
war. Unleugbar ist, dass im Anfang die Menschen
nicht grosse Thorheiten begingen... Ihre Thorheit bestand darin, dass sie einander nachliefen,

sich im Grase wälzten, alle Früchte auf einmal verzehrten, so dass sie im Winter nichts zu essen hatten. Ganz allmählich wuchs Folie mit der Zeit. Die am meisten gewitzigten unter den Menschen hatten sich, weil sie entweder den Wölfen oder andern wilden Thieren die Schafe der Nachbarn oder Genossen wieder abgejagt, oder Irgendwen gegen Beleidigung in Schutz genommen, oder weil sie sich, sei es stärker, sei es schöner fühlten, — mit einem Eichenzweige zu Königen krönen lassen. Als der Ehrgeiz wuchs, — nicht der Könige, welche zu jener Zeit die Schafe, Ochsen, Schweine, Esel recht gut hüteten, sondern — einiger unnützen Burschen aus dem Gefolge, gaben diese ihre gewöhnliche Lebensweise auf. Für sie mussten die Lebensmittel schmackhafter, die Kleider prächtiger sein.

Wenn jene des Messings sich bedienten, suchten diese nach dem kostbaren Metall, dem Golde. Sobald das Gold etwas Gewöhnliches geworden, verzierten sie es mit Perlen, Rubinen, Diamanten und allen andern Edelsteinen. Und wo giebt es eine grössere Thorheit als die, dass die Grossen anderen Gesetzen folgen als den allgemeinen! Was sie für die Uebrigen unerlaubt hielten, glaubten sie sich gestattet. Folie hat zuerst Einem in den Kopf gesetzt sich gefürchtet zu machen: Folie hat die andern veranlasst zu gehorchen.

Folie hat alle Auszeichnung, Pracht und Grösse
erfunden, die seitdem durch jene Einrichtung
sich ergeben hat. Nichtsdestoweniger, was giebt
es unter den Menschen mehr Ehrwürdiges als
diejenigen, welche den Uebrigen befehlen? Du
selbst, o Jupiter, nennst sie die Hirten der Völker,
in Anbetracht, dass ihnen bei Todesstrafe ge-
horcht werden muss... Wie überall hast Du auch
hier zum Guten gewendet, was die Menschen
Schlimmes erdacht hatten. Aber um zu meinem
Beweise zurückzukehren : welche Menschen sind
mehr als die Thoren geachtet? Wer war thörich-
ter als Alexander, der Hunger und Durst empfand, seinen Rausch häufig nicht verbergen
konnte, krank und verwundet wurde und trotz
alledem als einen Gott sich anbeten liess? Und
wessen Namen ist berühmter unter den Königen?
Ferner : welche Männer genossen zu einer gewis-
sen Zeit grösserer Ehre als die Philosophen? Und
doch werdet ihr Wenige finden, die nicht durch
Folie erfüllt waren. Wie oft hat sie wohl das Gehirn
des Chrysippos [63] beunruhigt? Starb nicht Aristoteles wie ein Thor, weil er den Grund für Ebbe
und Flut im Euripus [64] nicht finden konnte? Als

63) Diogenes, Laert. VII, cap. VII.
64) Dieser Sage wird von einigen Kirchenvätern erwähnt.
Pauly, Realencyclopædie des classischen Alterthums s. v.
Aristoteles.

Krates [65] seine Schätze ins Meer warf, beging er nicht einen sehr klugen Streich? Und war es ganz richtig mit dem Empedocles [66], der ohne seine Erzschuhe sich zum Unsterblichen gemacht hätte? Diogenes, mit seiner Tonne, und Aristipp, der für einen grossen Philosophen sich hielt, weil ihm ein grosser Herr [67] gern zuhörte, waren sie vernünftig?.... Wie viel andere Wissenschaften sind noch in der Welt, die auf reiner Täuschung beruhen, obgleich diejenigen, welche mit dergleichen sich beschäftigen, unter den Menschen als ausgezeichnete Persönlichkeiten betrachtet werden?... Ist nicht thörichte Neugier den Himmel, die Gestirne, die Meere und die Erde auszumessen, seine Zeit zu verbringen mit der Aufstellung und Beantwortung tausend kleiner Fragen, die an sich thöricht sind, aber nichtsdestoweniger den Geist ergötzen, ihn erhaben und scharfsinnig erscheinen lassen als ob es sich um irgend einen wichtigen Gegenstand dabei handelte? Ich käme niemals zu Ende, wenn ich erzählen wollte, wie viel Achtung und Ehre diese hier davon geniesst, von der ihr so viel Uebles sagen wollt. Doch um es mit einem Wort auszudrücken: setzet in die

65) Diogenes, Laert. VI, cap. V. 4.
66) Suidas s. v. 'αμύκλαι.
67) Dionysius, Diogen. Laert. II, cap. V.

Welt einerseits einen durchaus vernünftigen
Menschen, andrerseits einen Thoren; und gebt
Acht, welcher von beiden am meisten wird geschätzt werden. Der Vernünftige wird warten,
dass man sich an ihn wendet, und wird mit seiner Vernunft allein bleiben, ohne dass man ihn
zur Leitung der öffentlichen Angelegenheiten oder
in den Rath beruft; er wird hören wollen, bedäch-
tig nur dahin gehen wohin er eingeladen wird...
Er wird alle Musse haben seinen Kohl zu pflan-
zen. Der Thor wird so oft hin und wieder gehen,
mit diesem und jenem sich abgeben, dass er endlich einen seines Gleichen antrifft, der ihm vorwärts hilft, und so wird er zum grossen Manne...
Ihr werdet zugeben, dass im Ganzen auf einen
Vernünftigen, mit dem die Welt sich beschäftigt,
10,000 Thoren kommen, die im Munde des Vol-
kes leben. Genügt euch das nicht? soll ich noch
die Uebel aufzählen, die ohne Folie in der Welt
wären, und die Annehmlichkeiten, welche ihr zu
verdanken sind? Wie lange würde die Welt bestehen, wenn Folie nicht verhinderte, dass man
alle Verdriesslichkeiten und Zufälle in der Ehe
vorhersähe?... Wer hätte das Meer durchschifft
ohne Folie zum Führer zu haben? Sich dem
Winde, den Wogen, den Untiefen, Klippen preis-
geben, das feste Land aus dem Auge verlieren,
auf unbekannten Wegen gehen, mit Barbaren

und Wilden Handel treiben — wer hat zuerst
dazu gerathen wenn nicht Folie? Und trotzdem
haben sich dadurch die Schätze des einen Landes
den anderen mitgetheilt, wie die Wissenschaften,
die Handwerke; ist dadurch die Erde bekannt
geworden, die Beschaffenheit und Natur der
Kräuter, Steine, Thiere. Welche Thorheit war es
unter der Erde Eisen und Gold zu suchen? Wie
viel Gewerbe müsste man aus der Welt verjagen,
wenn Folie verbannt wäre? Die Mehrzahl der
Menschen würde Hungers sterben : wovon sollten
so viel Advokaten ihr Leben fristen, so viel Sach-
walter, Gerichtsschreiber, Polizeibeamte, Richter, Spielleute, Possenreisser, Parfümeurs und
zehntausend andere Gewerbtreibende ?... Das Vergnügen, welches durch Amour entsteht, wird
von einer oder höchstens zwei Personen empfun-
den, nemlich dem Liebenden und seiner Freundin. Aber die Lust, welche durch Folie gewährt
wird, hat nicht so enge Grenzen. Die Liebeslust
ist heimlich und verborgen: die Freude an der
Thorheit theilt sich aller Welt mit.

Und Folie hat auch Ernstes hervorgebracht.
So die Tragödien, welche zuerst von jungen Leu-
ten auf dem Lande gespielt wurden; erst nachher
wurden sie in den Städten mit grösserer Sorgfalt
aufgeführt. Die Comödien haben denselben Ur-
sprung... Hat nicht Folie die kostbaren Paläste,

Theater, Amphitheater bauen lassen? Ist sie nicht
die Anstifterin der Spiele der Gladiatoren, Faust-
kämpfer, Athleten?... War es nicht ein anmuthiger Kampf zwischen Antonius und Cleopatra,
wer von Beiden für ein Festmahl mehr aufwenden
würde? Und alles das wäre noch wenig, wenn
die Menschen, weil sie unter den Lebenden nicht
grössere Thoren als sie selbst finden, nicht auch
noch über die Todten klagten. Cäsar war betrübt,
weil die Welt zu beunruhigen er noch nicht an-
gefangen hatte in dem Alter, als Alexander der
Grosse schon einen beträchtlichen Theil derselben
unterjocht hatte... Ich werde auch beweisen, dass
Amour nie ohne die Tochter der Jugend gewesen
und nicht ohne sie existiren kann. Um gleich zu
beginnen mit dem schönen Anfang der Liebe —
was giebt es Sinnloseres als dass Irgendwer bei
der geringsten Veranlassung sich verliebt z. B. wie
Francesca da Rimmi bei der Lectüre eines Bu-
ches?... Man sagt, es sei die Macht des Blickes,
der aus einem Auge bis in unser Herz dringt...
Man sagt es, ich zweifle aber, dass es wahr sei.
Denn Mehrere haben geliebt ohne in diesem Falle
sich befunden zu haben; so jener Jüngling aus
Knidos, der in ein Werk des Praxiteles sich ver-
liebte[68]. Welchen Blick konnte er von einem Mar-

---

68) Pauly, Encyclopædie des class. Alterthums, VI, 37.

morauge empfangen? Welche Sympathie gab es
zwischen seinem lebendigen, glühenden Wesen
und dem kalten todten, Steine? Was entflammte
ihn also? Folie, die in seinem Geiste wohnte. So
war das Feuer, von dem Narciss entbrannte...
Mögen so viele ausgezeichnete Persönlichkeiten
sich nicht beleidigt finden, weil ich sie Thoren
nenne. Mögen sie sich an ihre Philosophen halten,
die den Satz aufgestellt haben, Folie sei Freiheit
von Vernunft, und vernünftig sein heisse ohne
Leidenschaften sein; deren wird Amour nicht eher
ledig sein als das Meer der Wellen und Wogen. Es
ist wahr, Einige verheimlichen geschickter ihre
Leidenschaft, und wenn sie dabei sich übel befinden, so ist das nur eine andre Art der Folie...
Wähnt ihr, dass die Liebe der Frauen vernünfti-
ger sei?... Immer ist es Folie, durch welche
Amour gross ist und gefürchtet und entschuldigt
wird, wenn er etwas gegen die Vernunft unter-
nommen. Erkenne also, undankbarer Amour,
was Du bist und wie viel Gutes Du mir verdankst.
Ich mache Dich gross, ich erhöhe Deinen Ruhm,
ohne mich hätten sogar die Menschen Dich nie für
einen Gott gehalten. Und nachdem ich Dich immer begleitet habe, willst Du mich nicht nur
verlassen, sondern zwingen allerorten vor Dir zu
fliehen?

Ich glaube meinem Versprechen gemäss hinlänglich dargethan zu haben, dass bis jetzt Amour nie ohne Folie gewesen. Ich muss noch weiter gehen und zeigen, dass das Gegentheil unmöglich ist. Und um sogleich darauf einzugehen : Du, Apollon, wirst mir zugestehen, dass Amour nichts Anderes ist als das Verlangen zu geniessen in Verbindung und gemeinschaftlich mit dem geliebten Gegenstande. Ist aber Amour Verlangen oder kann er doch unter allen Verhältnissen nicht ohne Verlangen bestehen, so musst Du einräumen, dass diese Leidenschaft, sobald der Mensch von ihr ergriffen wird, ihn verderbt und aufreibt... Er wird unruhig und verwirrt, und ist deshalb nicht als vernünftig und gesetzt zu betrachten... Er muss, einmal auf dem Wege der Liebe, zwei Dinge thun : zu verstehen geben dass er liebt und Liebe gewinnen. Für das Erstere ist wohlgesetzte Rede [69] erforderlich, aber nicht ausreichend. Denn das ausgesucht Künstliche und die ungewöhnliche Süssigkeit erwecken in der, welche zuhört, sofort Verdacht und machen sie vorsichtig. Welch anderes Zeugniss ist nothwendig? Sie glauben machen, dass man leidenschaftlich ist. Der andere Punkt, Liebe erwerben, hängt zum Theil mit jenem zusammen. Denn das mächtigste Mittel um geliebt zu werden, ist lieben.

69) Le bien parler. Vgl. oben.

Um geliebt zu werden muss man liebenswürdig
sein: Und nicht einfach liebenswürdig, sondern
im Sinne des geliebten Wesens... Sei friedfertig
und discret. Will Deine Freundin Dich nicht so
beschaffen [70], so musst Du den Curs ändern und
mit anderem Winde segeln oder auf Lieben
Verzicht leisten. Wenn die Frau, welche Du
liebst, habsüchtig ist, musst Du in Gold Dich
verwandeln und solchergestalt in ihren Schooss
fallen. Alle Verehrer und Bewerber Atalantas
waren Jäger, weil sie an der Jagd Freude fand.
Um ihren Freunden, die Dichter waren, zu gefallen, haben mehrere Frauen Reifrock und Nä-
herei aufgegeben und zu Feder und Büchern ge-
griffen. Gewiss ist unmöglich zu gefallen ohne
den Neigungen dessen, nach dem wir trachten,
uns hinzugeben. Traurige hören unwillig Gesang.
Die nur schrittweise gehen wollen, halten nicht
gern mit denen zusammen, die immer laufen.
Nun sagt mir, ob diese Veränderungen entgegen
unserem Naturelle nicht wahre Thorheiten oder
wenigstens von Folie nicht frei sind?.........
Amour war also niemals ohne Begleitung der
Folie und niemals wird es anders sein. Und
könnte es selbst geschehen, so dürfte er es doch
nicht wünschen, weil man ihm dafür nicht Dank

---

70) Pag. 145, statt telle zu lesen tel.

wissen würde. Denn welche Macht bliebe ihm
oder welcher Glanz, wenn er neben der Vernunft
stünde? Sie würde ihm sagen, man solle Einen
nicht mehr lieben als den Andern, oder wenigstens nichts davon merken lassen um nicht Aer-
gerniss zu geben; man solle nicht mehr für Diesen
thun als für Jenen. Am Ende wäre Amour entweder vernichtet oder in so viel Theile zerlegt,
dass er völlig schwach wäre. So wenig darfst Du
ohne Folie sein, Amour, dass Du nicht einmal,
wenn Du klug bist, Deine Augen wirst zurück
verlangen. Denn sie sind Dir unnütz und können
Dir nur schaden. Meinst Du, ein Soldat, der zum
Sturm anrückt, denke an Graben, Feinde, Ge-
schütze, die seiner warten? Nein. Er hat nur im
Sinn in die Bresche zu steigen; das Uebrige ist
nichts. Der erste, der sich auf das Meer wagte,
dachte nicht an die Gefahren, denen er sich aus-
setzt. Glaubt der Spieler jemals, es könne ihm
fehlschlagen? Und doch sind alle drei in der Lage
zu fallen, zu ertrinken, zu verlieren. Aber sie
sehen nicht und wollen nicht sehen, was ihnen
verderblich sein könnte. Ebenso ergeht es den
Liebenden : wenn sie jemals deutlich sähen oder
begriffen, in welcher Gefahr sie sich befinden und
auf wie schwachem Grunde die Hoffnung ruht,
welche sie vorwärts treibt, sie würden keine
Stunde länger ausharren. Zu Ende ginge so Dein

Reich, Amour, das nur dauert durch Unwissenheit, Saumseligkeit, Hoffnung, Blindheit, sämmtlich im Dienste und gewöhnlich in der Umge-
bung der Folie. Darum halte Frieden, Amour,
und zerreisse nicht das von Alters her zwischen
Dir und mir bestehende Band, obgleich Du desselben Dir nicht bewusst warest. Nimm an, dass
ich Dich nicht geblendet, sondern Dir nur gezeigt
habe, wie Du früher Deine Augen nicht zu brau-
chen wusstest... Ihr, Jupiter und die andern Götter, lasset diese schöne Frau nicht verlieren, die
Euch so viel Freude bereitet mit Genie, Jugend,
Bacchus, Silen und dem artigen Hüter der Gär-
ten. Gestattet nicht diejenige zu kränken, die Ihr
bisher vor Runzeln und grauem Haare bewahrtet.
Entziehet nicht einem kleinen Zorn zu gefallen
den Menschen das Vergnügen. Ihr habt sie aus
dem Reiche des Saturn vertrieben, lasset sie nicht
wieder in dasselbe eintreten und gönnet ihnen,
wenn Folie zur Entschädigung für den Verdruss
sei es in Liebes- oder andern Angelegenheiten,
sie ergötzt und erfreuet. Ich habe gesprochen.

Als Merkur die Vertheidigung der Folie geendigt hatte, sah Jupiter die Götter verschieden
gestimmt und widersprechender Meinung; die
Einen hielten sich zu Cupido, die Andern waren
geneigt die Sache seiner Gegnerin zu billigen: um

den Zwiespalt auszugleichen, erliess der höchste
der Götter folgendes Interlocut:

Jupiter.

Mit Rücksicht auf die Schwierigkeit und Wich-
tigkeit unserer Streitpunkte und die Verschieden-
heit der Ansichten, haben wir den Prozess vertagt
auf dreimal siebenmal neun Jahrhunderte. Wir
befehlen euch bis dahin freundschaftlich mit einander zu leben, einander nicht zu beleidigen.
Folie wird den blinden Amour führen und zwar
wohin ihm beliebt. Ueber die Rückgabe seiner
Augen wird nach Anhörung der Parzen das Wei-
tere bestimmt werden.

Welch anmuthiger Schluss des fein satirischen
von bewunderungswürdiger Belesenheit zeugen-
den Dialoges oder, wie es wohl jetzt bezeichnet
würde, « proverbe ». So lässt Nathan [71] den Richter entscheiden:

« Und wenn sich dann der Steine Kräfte bei
euern Kindes-Kindeskindern äussern: So lad ich
über tausend tausend Jahre Sie wiederum vor diesen Stuhl. »

Im Einzelnen findet sich hier und da ein leiser
Anklang an Erasmus Lob der Thorheit, aber das
Ganze ist Eigenthum der schönen Seilerin, so

71) Akt III, S. 6.

sehr Eigenthum, dass Keiner es ihr entreissen wird. Als ein Versuch hierzu darf Lafontaines Fabel «l'Amour et la Folie» nicht angesehen werden, denn sie verhält sich zu dem Original wie eine Silhouette zum leuchtenden Farbenbild. Dabei ist Louïzens Prosa leicht und fliessend, der Ausdruck mehr gewandt und zierlich als bei irgend einem ihrer Zeitgenossen, selbst Marguerite de Navarre und Etienne Pasquier nicht ausgenommen.

Le débat de Folie et d'Amour liefert einen hübschen Beweis, wie Irrthum oder Nachlässigkeit von Geschlecht zu Geschlecht sich fortpflanzen. Pierre Bayle hatte unter Louïzens Werken, die er überhaupt nie gesehen, le débat de Folie et d'Honneur erwähnt[72]. Nun schreiben alle seine Nachfolger und Nachahmer wie Uebersetzer — die Ausgaben von Fritsch 1709 und 1731, das Baseler historische und geographische Lexikon von 1726 — le débat de Folie et d'Honneur. Gottsched macht natürlich keine Ausnahme. Gemeinschaftliche Quelle ist der Grand dictionnaire historique von Moréri[73], der zuerst jene unrichtige Angabe in dem Artikel über Louise Labbé (sic!) giebt, während Rigoley, der Herausgeber

---

72) Diction. crit. s. v. Anmerk. A.
73) Lyon 1674, Basel 1740.

der Bibliothèques de La Croix du Maine und du
Verdier die Dichterin Loyze l'Abbé nennt [74].
Was ist aus dem Capitaine Loys geworden!

Spricht der Dialog zwischen Folie und Amour
für die Erfindungsgabe der schönen Seilersfrau,
so giebt für ihre Gesinnungen ein herrliches Zeugniss die Widmungsepistel an Clémence de Bourges. Da die Zeit gekommen, Mademoiselle, wo
die strengen Gesetze der Männer die Frauen nicht
mehr abhalten den Wissenschaften obzuliegen,
so scheint mir, dass diejenigen, denen Gelegenheit geboten ist, diese von unserm Geschlechte
ehedem so sehr ersehnte, ehrenvolle Freiheit an-
wenden sollen um zu lernen und den Männern zu
zeigen, wie sie Unrecht gegen uns handelten, indem wir des Glückes und der Ehre beraubt wurden, welche durch wissenschaftliche Arbeiten uns
zu Theil werden konnten. Wenn Eine es zu solcher Fertigkeit bringt, dass sie ihre Gedanken
schriftlich darstellen kann, so soll sie es, meinem
Erachten nach, sorgfältig thun und den Ruhm
nicht verachten, lieber damit sich schmücken als
mit Ketten, Ringen und kostbaren Kleidern, die
wir doch nicht in Wirklichkeit, sondern nur nach
Herkommen für uns passend erachten mögen.
Die Ehre aber, welche wir der Wissenschaft ver-

74) Vol. II, p. 42.

danken, wird vollständig unser eigen sein, weder
durch die List des Diebes noch durch die Gewalt
der Feinde oder die Länge der Zeit uns wieder zu
nehmen. Wenn ich von den Göttern wäre so be-
günstigt worden, dass mein Geist tüchtig genug
gewesen, um zu verstehen was zu kennen er Lust
empfand, würde ich jetzt mehr als Muster denn
als Mahnerin auftreten. Aber da ich einen Theil
meiner Jugend mit Musikübung verbrachte, den
Ueberrest der Zeit für meine geringe Fassungs-
kraft kurz fand, und nicht selbst auszuführen
vermochte, was ich unserem Geschlechte gern
gönnte, nemlich nicht nur durch Schönheit, sondern an Kenntnissen und Tugenden den Männern vorangehen oder gleichkommen: so kann
ich nichts Anderes thun als die sittsamen Damen
bitten ihren Geist ein wenig über Rocken und
Spindel zu erheben, danach zu trachten der Welt
begreiflich zu machen, dass wir, wenn auch nicht
geschaffen um zu befehlen, doch nicht zu verachten seien als Gehülfinnen bei den häuslichen und
öffentlichen Geschäften derer, welche regieren und
Gehorsam geniessen... Wenn es etwas Wünschens-
werthes giebt ausser Ruhm und Ehre, so muss
jede von uns durch das Vergnügen, welches aus
dem Studium fliesst, angeregt werden. Denn diese
Freude ist eine andere als die sonstigen Erholun-
gen, von denen man, wenn sie nach Belieben ge-

nossen werden, nur rühmen kann die Zeit ge-
tödtet zu haben. Aber die Lust am Lernen lässt
in dem Menschen eine Befriedigung zurück, die
länger dauert. Denn das Vergangene erfreut und
nützt uns mehr als das Gegenwärtige. Die nur
gefühlten Freuden entschwinden schnell und
kehren niemals wieder und lassen oft Erinnerun-
gen zurück so trübe, wie der erlebte Augenblick
köstlich war. Ueberdiess ist jede andere Lust
derart, dass, wie lebhaft auch ihr Andenken sei,
es doch nicht vermag uns in die gleiche Stimmung zu versetzen; dass, wie glühend auch unsere Einbildungskraft, wir doch erkennen, es sei
nur ein Schatten der Vergangenheit, der uns ver-
führt und täuscht. Wenn wir aber unsere Gedanken schriftlich niedergelegt haben, dann mag
unser Geist durch allerhand Geschäfte unauf-
hörlich in Anspruch genommen sein, dennoch
werden wir, wie lange Zeit auch verflossen, bis
unsere Schriften uns wieder zu Gesichte kommen,
sogleich auf den Standpunkt und in die Stimmung
früherer Tage zurückversetzt. Dann empfinden
wir zweifaches Behagen : wir geniessen aufs neue
die vergangene Freude über den Gegenstand, den
wir aufgezeichnet, oder das Verständniss der Wissenschaft, die uns gefesselt. Und ausserdem noch
gewährt uns das Urtheil, welches wir bei dem
Auffrischen der ersten Gedanken fällen, eine

eigenthümliche Befriedigung... Als ich zuerst meiner Jugend Ausdruck gab und wenn ich seitdem es wieder las, habe ich nichts Andres gesucht als schicklichen Zeitvertreib; ich hatte nie die Absicht Irgendwen meine Blätter sehen zu lassen. Seitdem aber einige meiner Freunde Mittel gefunden das Geschriebene ohne mein Wissen zu lesen und (wir glauben so gern denen, die uns loben!) mich glauben gemacht haben, ich müsse es herausgeben, — da habe ich nicht gewagt sie abzuweisen, doch wohl gedroht, dass die Hälfte des dadurch hervorgerufenen Tadels auf sie fallen werde. Weil nun Frauen nicht gern allein sich öffentlich zeigen, so habe ich Sie, Clémence, als Begleiterin gewählt, indem ich Ihnen dieses kleine Werk widmete. Ich sende es Ihnen einzig in der Absicht Sie der Zuneigung zu versichern, welche ich seit lange für Sie hege, Sie anzuregen und anzufeuern durch den Anblick dieser meiner ungelenken und schlecht gefügten Arbeit, eine zierlicher gehaltene und anmuthsvollere zu veröffentlichen. Gott erhalte Ihnen Gesundheit. Lyon, 24. Juli 1555. Ihre ergebene Freundin Louïze Labé.»

Was hier in Bezug auf die Erziehung der Frauen ausgesprochen worden, ist im Allgemeinen bis heute ein frommer Wunsch in Frankreich

geblieben. Wie ausgezeichnet auch Einzelne erscheinen mögen, die ungeheure Menge hat von
den Lehren der belle Cordière wenig Vortheil ge-
zogen. Ein Montaigne[75] konnte sagen : A l'ad-
venture est ce la cause que et nous et la théologie
ne requerons pas beaucoup de science aux femmes,
et que François, duc de Bretaigne, fils de Jean V,
comme on luy parla de son mariage avec Isabeau,
fille d'Ecosse, et qu'on luy adiousta qu'elle avoit
esté nourrie simplement et sans aulcune instruc-
tion de lettres, respondit, « qu'il l'en aimoyt
mieulx, et qu'une femme estoit assez sçavante
quand elle sçavait mettre difference entre la che-
mise et le pourpoinct de son mari. » Von der Bildung der Mädchen im XVII. Jahrhundert giebt
Mademoiselle de Scudéry im Cyrus ausführlichen
Bericht. « Y a-t-il rien de plus bizarre que de voir
comment on agit pour l'ordinaire en l'éducation
des femmes? On ne veut pas qu'elles soient co-
quettes ni galantes, et on leur permet pourtant
d'apprendre soigneusement tout ce qui est propre
à la galanterie, sans leur permettre de savoir rien
qui puisse fortifier leur vertu ni occuper leur esprit... Vu la manière dont il y a des dames qui
passent leur vie, on diroit qu'on leur a défendu
d'avoir de la raison et du bon sens, et qu'elles ne

75) Essais, livr. I, chap. XXIV.

sont au monde que pour dormir, pour être gras-
ses, pour être belles, pour ne rien faire, et
pour ne dire que des sottises, et je suis assurée
qu'il n'y a personne dans la compagnie qui n'en
connaisse quelqu'une à qui ce que je dis con-
vient. » [76] Zu diesen Sätzen macht Charles Gidel [77]
die Bemerkung : « Ne sont-ce pas là des observations pleines de justesse ? vraies du temps de Mademoiselle de Scudéry, ne le sont-elles pas encore
dans le nôtre ? » Ein anderer Pariser Professor,
Mezières [78] fragt : « Nos femmes, si bien douées
qu'elles soient, font-elles cependant aujourd'hui
de leurs facultés naturelles l'emploi qu'elles de-
vraient en faire ». Und er giebt die Antwort :
« L'éducation que reçoivent en général les jeunes
filles françaises et que leurs parents ont la faiblesse
de rechercher pour elles, tend plutôt à développer
chez elles les talents agréables qu'à mûrir et à
fortifier leur esprit. »

Es sollte hier nicht das Kapitel über Erziehung
der Frauen abgehandelt, sondern einzig darauf
hingewiesen werden, dass Louïze Labé das Rich-
tige erkannt und in eben so einfachen wie
ansprechenden Worten bescheiden ausgedrückt

76) Victor Cousin, la Société française au XVII° siècle.
Paris 1866. Tome II, chap. 12, p. 163.
77) Les Français au XVII° siècle. Paris 1872, p. 421.
78) La Société française. Paris 1869, p. 130 u. 133.

hatte. Dabei liegt über dem Ganzen ein Schatten von Trauer weil die eigene Jugendzeit nicht in gewünschter Weise verwendet worden, weil ihr die wahre weibliche Erziehung gefehlt hat. Und wenn wir sehen, dass alle Biographien der schönen Seilersfrau von ihrem Vater, niemals von ihrer Mutter sprechen, dann begreift sich, weshalb Louïze in ihren Gedichten vielleicht freier aufgetreten, als ihr selbst später erfreulich war. Napoleon I fand, dass den französischen Frauen ein gewisses Etwas fehlte. Als er eines Tages Madame de Campan über den Grund dieses Mangels befragte, antwortete sie: « Il leur manque des mères. »

Louïze Labé war Französin.

www.ingramcontent.com/pod-product-compliance
Lightning Source LLC
Chambersburg PA
CBHW020309090426
42735CB00009B/1279